Magda Hollander-Lafon

Vier Stückchen Brot

MAGDA
HOLLANDER-LAFON

Vier Stückchen Brot

EINE HYMNE AN DAS LEBEN

AUS DEM FRANZÖSISCHEN
ÜBERSETZT VON MICHAEL KOGON

adeo

Ich widme dieses Zeugnis meinen vier Kindern und ihren Ehepartnern, meinen Enkelkindern und den Kindern aus den Generationen der Zeit nach dem Holocaust.

Aus tiefstem Herzen danke ich meinem Mann François und allen, die mir geholfen haben, damit dieses Zeugnis Gestalt annehmen konnte.

Am Abend wandern meine Gedanken zurück durch den zu Ende gegangenen Tag. Ich sammle die kleinen Lichter ein, die ihn mir erhellt haben: ein Lächeln, eine Geste, eine unerwartete Begegnung …

Beim Einschlafen danke ich für diese kleinen Glücksmomente des Tages.

Morgen öffnet sich
Eine noch leere Seite …

Vorwort

Dieses Buch ist kein Zeitzeugenbericht über den Holocaust, sondern eine Meditation.

Es ist eine Meditation nicht über den Tod, sondern über das Leben und wie man von dem einen zu dem anderen gelangen kann.

Magda Hollander-Lafon stürzte mit sechzehn Jahren in tiefste Finsternis. Als Jüdin wurde sie 1944 zusammen mit ihrer Mutter und ihrer Schwester aus Ungarn in das Vernichtungs-KZ Auschwitz-Birkenau deportiert; ihre gesamte Familie wurde ermordet.[1] Die folgenden Seiten sind dieser Todeserfahrung abgerungen, gehen aber darüber hinaus. Sie geben Zeugnis von einem langen Weg beglückenden neuen Erlebens. Da waren die vier Stückchen verschimmeltes Brot, die der Heranwachsenden im KZ von einer sterbenden Kameradin zum Geschenk gemacht wurden; dann die Tropfen Wasser für den verdurstenden Körper, der sich schon der Erde anheimgeben wollte; der Zug der Wolken am Himmel über Auschwitz, auf den die Flammen des Krematoriums kurz den Blick freigaben; und die „Dame mit dem Lächeln", die sie nach ihrer Befreiung aus dem Todesreich bei sich aufnahm.

1 Am Ende dieses Buches zeichnen Nathalie Caillibot und Régis Cadiet in einem geschichtlichen Abriss den Weg von Magda Hollander-Lafon nach.

Auf den Holocaust folgte zunächst das Schweigen. Wer zurückkam, war sprachlos in seiner Fassungslosigkeit. Wer die Zurückgekehrten sah, verstummte – und verdrängte alles – in unsäglichem Erschrecken. Dann kam die Zeit, in der das Unfassbare fassbar, das Unerhörte hörbar, das Gebot der Stunde die Zeugenschaft der Davongekommenen wurde: die Massenvernichtung als präzise geplante und systematisch ins Werk gesetzte Großindustrie, die Reduzierung der Opfer binnen kürzester Zeit zur bloßen Sache, die Lagererfahrung des Todes selbst für die Überlebenden. Der spanische Schriftsteller Jorge Semprun schrieb in seinem Buchenwald-Bericht „Schreiben oder Leben“: „Ich sage mit Absicht ‚Erfahrung‘ … Denn der Tod ist nicht etwas, was wir nur gestreift hätten, das wir überlebt hätten wie einen Unfall, den man unversehrt überstanden hätte. Wir haben ihn erlebt …“ Jene Phase war nötig, damit dieses Paradox in seiner ganzen Intensität erkannt werden konnte. Vielleicht leitet Magda Hollander-Lafon mit dieser Niederschrift eine neue „Zeit danach“ ein, in der die Holocaust-Erfahrung des Lebens im Tod in etwas Positives verwandelt wird, damit der Tod nicht das letzte Wort hat, damit das Verbrechen die Vernichteten nicht zweimal tötet und damit die Überlebenden nicht in der Erinnerung ihrer Entwürdigung gefangen bleiben.

Der erste Teil dieses Buches, „Die Wege der Zeit“, wurde 1977 geschrieben, nachdem die Autorin einen Krankenhausaufenthalt hinter sich hatte und nichts weiter wollte als leben. Magdas Erinnerungen waren nur noch bruchstückhaft vorhanden, waren wie eingemauert in Schweigen, gefroren in Angst. Sogar ihre Muttersprache war ihr abhanden gekommen. Langsam ließ sie ihre Erinnerung wieder zu und fasste sie in die treffenden Worte. Das lange Vergrabene holte sie aus der Tiefe, um unter den liebevollen Blicken hilfreicher Menschen endlich wieder in sich den Funken des Lebens zu spüren, der nie ganz erloschen war.

Dieses Zeugnis erscheint hier in überarbeiteter Fassung zusammen mit einem früheren Text „Aus der Finsternis zur Freude", einer Meditation, die sich ihr darbot, als sie ihren inneren Frieden wiedergefunden hatte. In sie flossen dann aber auch die Erfahrungen ein, die sie bei der Weitergabe ihrer Erinnerungen an Zehntausende von Gymnasiasten und Studenten gemacht hatte. Als diplomierte Kinderpsychologin – ein Beruf, der für sie auch Berufung war – hat Magda Hollander-Lafon für diese Begegnungen einen neuen Zugang entwickelt, der Spontaneität mit Professionalität verbindet. Einige Wochen vor der Veranstaltung lässt sie an ihre jungen Zuhörer einen Fragebogen verteilen. Das ist die Methode in ihrer prophetischen Universalität, wie sie von Lehrmeistern, wie den Rabbis, von Sokrates, von Jesus in die Welt getragen wurde. Indem sie mit eigenen Fragen beginnt, braucht sie die Menschen, die aus einer ganz anderen Welt kommen, nicht gleich mit einer allzu beschwerlichen Erinnerung zu belasten. Das so geweckte Erstaunen der Zuhörer lässt dann den Raum, um etwas, das schon verblasst war, in die Gegenwart zu holen. Die Erfahrung des Holocaust wird nicht als Pflichtübung einer Schreckenserinnerung geboten, sondern als Antwort auf die durch die Fragen bewirkte Öffnung. Für den Zuhörer geht es nicht in erster Linie um Schuld und Tod, sondern um Verantwortung und Leben – sein eigenes, heute.

„Da steckt in so einer zierlichen, schlichten Frau eine feine Dame“, wird sie von einer Gruppe von Gymnasiasten beschrieben. „Sie ist bald 84 Jahre alt, aber mit ihrer überschäumenden Freude am Leben und ihrer Begeisterung ist sie jünger als ich. Sie sagt, ein Blick und ein Lächeln genügen, um einen Menschen wieder ins Leben zu führen, und wenn man ihren Blick und ihr Lächeln sieht, weiß man, dass das stimmt. Bevor sie zu sprechen beginnt, lässt sie ihren Blick auf dem ganzen Saal ruhen. Und schon gehen die Lichter an. Sie will mich mit meinem Vornamen anreden, wie sie es mit jedem tut. Sie sagt uns, dass jeder von uns einzigartig ist und dass diese Einzigartigkeit unseren Reichtum ausmacht.“

Der Mensch ist zum Schlimmsten fähig, leider, doch die folgenden Seiten sind ein Appell an sein Bestes. Der Glaube von Magda Hollander-Lafon ist spirituelle Freude. Diese Freude ist der Verzweiflung abgerungen, ist der Hölle entrissen, die sie verschlingen wollte, ist genährt von einem Leben der Begegnung von Seele zu Seele. Diese Frau hat die Gnade erlebt, wiedergeboren zu werden. Auf diesen Seiten lädt sie uns ein, mit ihr zu erleben, welcher Reichtum aus dieser Freude erwachsen kann – ein ganzer Horizont geöffnet für Wiedergeburt.

Anne-Sophie Jouanneau und Jean Mouttapa
Éditions Albin Michel
Verlag der französischen Erstausgabe

DIE WEGE DER ZEIT

Die Blicke

Unter Schmerzen gebe ich meiner Erinnerung Raum,
auftragsgemäß. Aus dem langen Tunnel krieche
ich, meinem Versteck.
Tausende Blicke verweht, vergangen,
ohne zu wissen, warum. Sie rufen mich.
Blicke der Verzweiflung,
des Erniedrigtseins,
hungerflackernd,
verdorrt im Durst.
Der Blick im verzerrten Gesicht einer Gefangenen
mit den Hundebissen im Fleisch.
Ihr Leben verrinnt mit jedem Schritt.
Der erlöschende Blick einer unter dem Schlagstock
sterbenden Kameradin.
Hunderte von Blicken des Nichtmehrkönnens
in zermürbenden stundenlangen Appellen.
Auf Tausenden verlorener Gesichter
das Ersterben eines vor der Zeit ausgetriebenen Lebens.

Transporter einrückend ausrückend auf den langen
Geraden der Verzweiflung,
beladen mit Leben, das nur noch aus Blicken ins Leere
besteht.
Ausgemergelte Hände, gereckt nach dem Leben,
vergebliche Schreie.
Aus dem Schornstein das Prasseln.
Der Himmel niedrig, grau, gelb.
Wir atmen ihre vom Wind getriebene Asche.
Dreißig Jahre danach
breche ich, endlich, die Ummauerung meines Erinnerns
auf,
damit so viele Blicke, die nach Hoffnung verlangten,
nicht vergangen bleiben
als Staub.

Die Deportation

Ich erinnere mich an drei Tage Transport, in einem Viehwaggon eingepfercht. Unsere letzte gemeinsame Reise – meine Mutter, meine Schwester und ich.
Wie die Vögel in der Gefahr ihren Kopf ins Gefieder stecken, wittere ich die Bedrohung mit geschlossenen Augen.

Ein heftiger Ruck, ein hysterisches Pfeifen: Vor den aufgestoßenen Türen in dichtem Nebel gelbes eisiges Licht. Brutales Gebell von Menschen und Hunden. „Los, schnell!" „Wie alt bist du? Nach rechts!" „Ist das deine Mutter? Nach links!" „Ist das deine Schwester? Nach links!"

Ich taumle blindlings nach rechts. Links, Minuten darauf, holt der Tod seine Beute.

Mit einem Schlag bin ich zu einem anderen Ich gemacht worden, das von großen schwarzen, zähnefletschenden Tieren einem ungewissen Schicksal zugetrieben wird.

Der Geruch verbrannten Fleisches in der Luft. Auf dem Boden scharfkantiger Splitt. Vor mir, hinter mir Schlurfen. „Halt!" Ich hebe den Blick: Baracken. Und schon hocke ich auf Stroh. Wir starren einander an, schweigend, geschlechtslose Gestalten. In den geweiteten Pupillen meiner Nachbarinnen erkenne ich überrascht das Spiegelbild einer Unbekannten. Was hast du hier verloren? Das kann nicht wahr sein! Unmöglich!

Und das ist er schon, der Alltag von Auschwitz.

Ein Tagesablauf

Ein schriller Pfiff. Ellenbogen, Peitschen, Fäuste stoßen uns von unseren Brettern, hin zu dampfenden Kanistern. Glücklich, wer vor dem Appell zum Ausrücken in dem Durcheinander einige Schlucke warme Brühe ergattert. Dann in Nullkommanichts rausgejagt. Da stehen wir uns die Beine in den Leib, im ersten dieser pedantischen Zählappelle, die unsere Tage markieren. Im Morgengrauen brechen die Kolonnen auf.

Ausrücken durch das große Tor, mit zugeschnürter Kehle vor Angst aufzufallen, wegen Kaputtsein oder Kranksein oder Irgendwassein und aus der Herde herausgepickt zu werden. Unsere ausgelaugten, verbrauchten Kameradinnen bleiben zurück; wir werden sie nicht mehr sehen.

Unser Kommando, heute, in Auschwitz, wird in den Steinbruch geführt. Wir brechen Steine, schleppen sie rechts hin, schleppen sie links hin, wie es den Herren unserer Arbeit beliebt. In Ravensbrück wird es die Sandgrube sein. In Nordhausen werde ich Bolzen in der V2-Fabrik drehen. In Zillertal-Erdmannsdorf werde ich an einem Webstuhl Fäden einschießen und Garnschiffchen wechseln. Am Frankfurter Flughafengelände werde ich Schienen verlegen.

Hunde und Aufseher sorgen dafür, dass alles nach Plan verläuft, und sei er noch so absurd.

Mittags stellen wir die Werkzeuge ab, um eine graue dünne Brühe in uns hineinzuwürgen, im Stehen – ach, dürften wir uns nur setzen! Erschöpfung und Leid in den Gesichtern, in den Bewegungen. Das schwache Zittern ausgetrockneter Lippen. In Blicken, die Hilfe oder das Ende erflehen, hat sich bereits der Himmel geöffnet. Und wir können nichts dagegen tun. Unsere Augen, die ausdruckslosen, sind unsere einzige Verbindung untereinander. Todeskämpfe, lautlos, bedrückend, erschütternd. Ich beiße die Zähne zusammen: „Nein, noch nicht!“

Die Arbeit endet mit dem Tag. Beim Einrücken durch das große Tor wieder lauernde Blicke auf Geschwächte, wieder der gleichgültige Wink hin zum Tod. Wir halten uns so aufrecht, wie es nur geht, angespannt, hoffend auf ein Morgen, das gleichermaßen entsetzlich sein wird.

Endloses Warten, im Stehen, auf die Abendsuppe und ein Stück Brot. Ein langer Appell, die letzten Peitschenhiebe am Eingang zum Block. Wir lassen uns fallen, während der Tag vergeht.

Die Läuse

Diese winzigen, unauffälligen, hartnäckigen Tierchen: Monatelang haben sie mich geplagt und an mir gesaugt; ich war ihnen ausgeliefert mit Haut und Haar.

Sie sind von unterschiedlicher Größe, Farbe und Art. Die fetten schwarzen kriechen bedächtig, doch wenn sie innehalten, dann nur, um zuzubeißen. Die kleinen weißlich-durchsichtigen nisten sich in den Nähten unserer Kleidung ein. Andere, mit hellem Kopf und schwarzem Leib, machen es sich rücksichtslos in unseren Wunden bequem.

Sie bieten mir ihre Art von Abwechslung. Wenn eine der drei Spezies satt ist, hat bereits die nächste Hunger und löst sie ab. Tag und Nacht sind sie da. Mit der Zeit und der Gewöhnung werden sie frecher. Sie treiben die Kühnheit so weit, auf den Nasen und in den Bärten der SS-Leute herumzuspazieren, jener von Natur aus sauberen Herrenmenschen, die diesen Zustand natürlich nicht dulden können. Eine gründliche Entlausung ist angesagt.

Nackt, zitternd, unsere abgetragenen Sachen an uns gedrückt, verschwinden wir in einem riesigen Bauch aus Beton. Ein Bottich für die Lumpen, für uns eine kalte Dusche, dann Vorbeimarsch an einer Fahrradpumpe, die einen weißen Nebel ausspuckt. Ein Schlag rechts, ein Schlag links, und wir kommen gebleicht, geschoren, ausgefroren und vor Elend heulend wieder heraus. Defilee vor aufmerksam-spöttischen Betrachtern. Jede solche Entlausung ist auch ein hochriskanter Anlass für eine Selektion. Wenn wir das Pech haben, vor Hunger zu schwanken oder in dem Gestank die Besinnung zu verlieren, bringen uns die Hunde auf Vordermann.

Zum Abschluss der Aktion wirft man uns über eine kleine Abschrankung Kleidungsstücke zu, Fetzen, die nie passen. Draußen versuchen wir, während wir auf die anderen warten, die Sachen untereinander zu tauschen. Das ist nicht ungefährlich – unter den Stacheldrahtblicken um uns herum. Manchmal gelang es. Es kam aber auch vor, dass ich am Abend in einem Schleppenkleid und mit Oderkähnen an den Füßen zurückkam. Die Herren unserer Tage und Nächte hatten Spaß daran, uns in solchen Verkleidungen zu sehen.

Im Stroh unserer Baracken erwarten uns schon unsere kleinen schwarzen, weißlichen oder helldunklen Gäste. Sie nehmen es uns übel, dass wir sie so lange hungrig gelassen haben. Genüsslich machen sie sich wieder über uns her.

Das Brot

Ein Stückchen Schwarzbrot fest in meiner Hand hat den Wert eines Stückes Leben. Ich verschlinge es schon mit Blicken.

Krümel um Krümel führe ich es mir in den Mund, langsam, langsam. Ich schließe die Augen wie ein Neugeborenes, um mich dem Genuss hinzugeben.

Wenn ich nicht aufpasse, kann man mir dieses mein Leben wegnehmen, einfach so, ohne Vorwarnung. Jeder ist sich selbst der Nächste. Und wenn ich überleben will, muss ich es auch aushalten können, tagelang nichts zu essen zu haben.

Man muss die Augen offen halten, um sich schnell zu bücken. Die Kartoffelschale, die neben dem Eimer gelandet ist, schimmert wie ein in eine Muschel sich schmiegender Tropfen Tau.

Der Hunger macht mir Schwindelgefühle, zaubert mir eine Fata Morgana, lässt Sterne aufblitzen, die mich blenden. Mit all meiner Seelenkraft banne ich trügerische Phantasiebilder von randvoll gefüllten Tellern, Gebratenem und Gesottenem. Jeder Tag ist eine siegreich zu bestehende Schlacht gegen diesen Feind.

Und dennoch beneide ich nicht die ewig Satten. Denn sie kennen nicht die Freude, die ein Krümel Brot bereiten kann.

Die Füße

Meine Füße sind schwer wie ein ganzes Leben. Unzählige Male habe ich sie angefleht, nicht schlappzumachen. Sie haben vier Jahreszeiten durchmessen, unter einem grauen, vergessenen Himmel.

Unsere Körper marschieren außerhalb von uns. Tausende von Füßen laufen weiter mit letzter Kraft, gegen alle Vernunft. Es ist besser, nicht zu wissen, warum, und auch nicht, wohin. Eines haben wir schon gelernt: Versagen sie uns den Dienst, warten andere Füße in hochglanzpolierten Stiefeln, um uns fertigzumachen.

Den Weg zum großen Tor – morgens raus, abends rein – legen wir rennend zurück. Das ist eine fast tägliche Routine: Wir sollen zeigen, ob wir noch zu den „Arbeitsfähigen" gehören. Zu beiden Seiten des Tors eiskalte Roboter mit Peitschen, Hunden und Stöcken. Wir rennen, vor Angst wie von Sinnen. Um besser rennen und den Schlägen und Bissen ausweichen zu können, werfen wir unser ledernes oder hölzernes Schuhwerk ab. Schlappzumachen, einen falschen Schritt zu tun, bedeutet, dass uns sofort ein Stock aussondern wird: tödliche Selektion. Die Frauen am Schluss der langen Kolonne stolpern über leblose Körper und verstreute Gegenstände.

Wir rennen weiter über das Tor hinaus, aus der Ordnung gekommen, keuchend, in einem einzigen großen Reflex, mit angstverzerrten Gesichtern.

Unser Leben hängt von unseren Füßen ab. Sie schmerzen bis tief hinein in unseren kurzen unruhigen Schlaf. Beim Anbruch jedes neuen Tages fragen wir uns, ob unsere zerschundenen Füße noch einmal durchhalten werden unter dem übergroßen Gewicht entblößter Seelen.

Der Mensch und das Brot

Gestern hatten wir es warm, hatten ein Dach über dem Kopf, waren von Liebe umfangen, durch Besitz gesichert. Wir hatten von uns ein einvernehmliches Bild. Dieses Konstrukt ist nicht mehr. Wer sind wir ohne unser gewohntes Erscheinungsbild? Bettler? Reiche?

Ich war noch nicht sechzehn Jahre alt, als ich sah, wie das Antlitz des Menschen sich in die Fratze einer Bestie verwandelte. Sobald unsere sozialen Konventionen dahin sind, machen wir uns wegen eines Stücks Brot skrupellos übereinander her.

Während ich in Auschwitz auf meiner Pritsche lag, fiel mein Blick auf eine ins Gebet versunkene Frau; ein Stück Brot ragte aus ihrer Tasche. Eine Gestalt, elend wie sie, schlich sich heran und entwendete ihr das Brot, das nichts anderes war als das Leben selbst. Als Beobachterin war ich erschüttert. Und dennoch begehrte auch ich dieses Stück Brot.

Ich habe Menschen erlebt, die dieses Elend mit menschlicher Größe ertrugen. Sie bewahrten sich ein weites Herz und aufmerksame, leuchtende Augen. In jener extremen Entbehrung, jenem Zustand der Nichtexistenz, in dem Heute, Gestern und Morgen leere Begriffe geworden waren, gab ihr Zeugnis einen Ausdruck von Menschlichkeit und uns, die wir damals das Glück hatten, sie zu kennen, erneut Hoffnung und Lebensmut.

Der deutsche Schäferhund

Ich schleppe mich in meinen Holzschuhen dahin, besessen von dem irren Wunsch, ein deutscher Schäferhund zu sein.

Es sind wirklich schöne Tiere, mit ihrem glänzenden Fell, ihren lebhaften Augen und ihren scharfen Zähnen. Man spricht zu ihnen wie zu Menschen. Sie haben ein Anrecht auf freundliche Gesichter, Unterhaltung und gute Ernährung. Wir sind hier Tausende von Männern und Frauen, die sie darum beneiden.

Diese Hunde gehen nicht sanft mit den Gefangenen um, und dennoch habe ich mich nie vor ihnen gefürchtet.

Ich streichle sie mit meinen Blicken und suche mir den heraus, der in meiner Kindheit alle meine Albernheiten und meine große Zuneigung ertragen hat. Ich wurde nie gebissen.

Einer von ihnen trieb eines Tages die Respektlosigkeit gegenüber seinem Herrn bis zum Ungehorsam: Er rieb sich an meinem Bein, ohne es zu verletzen. Hatte das Tier meine Zuneigung gespürt?

Noch heute denke ich daran, wie damals dieses Gefühl aus der Tiefe aufstieg zu einem betäubten Herzen.

Durst

Birkenau. Bei der Verteilung der Suppe und des Schlucks Wasser herrscht ein solches Durcheinander, dass nichts mehr da ist, als ich endlich mit meinen Blechnapf an der Reihe bin.

Ich habe seit Tagen nichts mehr getrunken. Ich habe elenden Durst. Meine Lippen sind aufgesprungen, meine Zunge ist geschwollen, ich spüre nichts mehr. Ich hätte mich über jede Dreckpfütze hergemacht, hätten meine Kameradinnen mich nicht daran gehindert. Mit meinen geweiteten Pupillen, meinen verstörten Blicken gebe ich das Bild einer Irren ab.

Ich musste irgendwie abgetaucht sein, denn ich erinnere mich bloß, dass ich mich auf einmal fühlte, als wäre ich wieder ein bisschen lebendig.

Ich hatte Tropfen von Wasser auf meinen Lippen gespürt. Woher kam es? Ich habe es erst später erfahren.

Kameradinnen, ich kannte sie nicht, waren mir zu Hilfe gekommen. Sie vollbrachten gerade noch rechtzeitig ein Wunder, damit ich Wasser bekam. In meiner Erinnerung haben sie keinen Namen, kein Gesicht. Ich weiß nicht, ob sie noch leben. Ich weiß, dass ich ihnen mein Leben verdanke.

Ich habe Kameradinnen im Todeskampf der Austrocknung gesehen.

Einmal stieß ich versehentlich an eines dieser noch nicht ganz toten Skelette. Es spürte den Stoß, sein Bein zuckte. Schmerzliche Erinnerung. Ich konnte dieser Frau nicht mehr helfen; es war zu spät. Ich hingegen hatte wieder einmal Glück gehabt.

Edwige

Edwige ist eine langjährige Auschwitz-Gefangene. Sie ist zur Blockältesten avanciert.

Ich spüre noch, wie ihre Peitsche mir ins Fleisch schneidet und ihre Hand mir ans Ohr knallt, und ich höre noch, wie sie losgeifert: „*Krepiert endlich; Mitleid ist ein Verbrechen; ihr unnützen Fresser; Gutsein bringt nichts; wir sind alle Feinde.*"

Wenn eine von uns vor Schmerz schreit, vor sich hinstöhnt oder vor Erschöpfung keinen Mucks mehr macht, wird sie nervös und schlägt noch härter zu. Vor allem ältere Frauen wecken ihre Grausamkeit: „Ihr stehlt den Jungen das Brot", brüllt sie, „warum krepiert ihr nicht endlich?" Ich habe Kameradinnen gesehen, die sich ihr vor die Füße warfen; sie traktierte sie mit Fußtritten oder Peitschenhieben.

Lässig betreibt sie das Spiel des Todes. Hauptsache, es geht ihr gut und sie kann prunken mit dem, was sie gestohlen hat.

Am Morgen verteilt sie mit der einen Hand den warmen Tee, während sie mit der anderen blind zuschlägt. Schreiend versucht sie Ruhe und Ordnung herzustellen. Sie schöpft uns einen kleinen Schluck in unseren Becher, und mit dem, was im Kessel bleibt, verrichtet sie vor uns ihre Morgentoilette.

Am Abend nach einem langen Tag hält sie sich vor der Barackentür auf, gepflegt, frisch, in einem neuen Kleid, das sie gegen unser Brot eingetauscht hat. Wie viele von uns haben Edwiges Eitelkeit mit dem Leben bezahlt?

Ich habe dreißig Jahre gebraucht, bis ich mich erinnern konnte, wie sie aussah. Der Frühling ist wieder in mein Herz eingezogen, denn ich kann von ihr sprechen, ohne dass ich im schmutzigen Schlamm meines Hasses versinke. Sie war unsere tägliche Versuchung, uns der Verzweiflung zu überlassen. Sie war eine von uns, aber domestiziert nach den Vorgaben unserer Henker. Doch wie könnte ich das Todesleid meiner Kameradinnen vergessen? Wie kann ich die Verachtung verzeihen, ihr grausames Lachen im Angesicht unseres Elends?

Was mag aus ihr geworden sein? Ich weiß es nicht. Für mich bleibt sie ein beunruhigendes Rätsel.

Meine Decke

Meine Decke ist ein zärtlicher Clown
mit einem verwaschenen Gesicht.
An guten Tagen
dient sie als Vorratsschrank:
gestohlene Rüben und Konfitüren,
Regimenter von Ungeziefer
geben sich hier ein Stelldichein,
hinterlassen bunte Spuren.
Wir harken mit wunden Körpern
den Weg der absurden Transporte.
Am Abend, erschöpft,
hülle ich mich in ihre verbrauchte Wärme
wie ins Vergessen.
Sie flüstert mit brüchiger Stimme:
„Kopf hoch!
Mach weiter.

Schwach werden gilt nicht.
Denk dran: Gefühle sind tödlich!“
Nie die Gewissheit verlieren:
Dieser Albtraum wird einmal enden.
Auch wenn man’s eigentlich kaum noch glaubt.
Durch ihr Gesicht,
das graue, mit Flecken und Löchern,
sehe ich runde Stellen des bloßen Himmels,
oft schwarz.
Manchmal mit Sternen gefüllt,
so will ich den glücklichen Zufall erzwingen.
Mit den Flügeln meiner verletzten Träume
schmiege ich mich an sie.
Dann denke ich an nichts mehr.

Wie?

Ich war zu jung, und ich verstand nicht, warum wir zum Tode verurteilt waren.

Wessen waren wir schuldig?

Ich verstand nicht die Verwandlung der Menschen – zu Henkern die einen, die anderen zu Opfern.

Wie war das möglich?

Wie konnte uns die ganze Menschheit vergessen? Wie kam es, dass niemand außer Folterknechten sich für uns interessierte?

Wir hoben verstreute Zeitungsfetzen auf und verschlangen verstohlen die Wörter, auf der Suche nach einer an uns gerichteten Botschaft.

Wie kam es, dass wir nie eine Botschaft erhielten?

Unter meinen Augen wurden Tausende von Leben gestohlen, und ich setzte meine Schritte, ohne einen Ausweg zu sehen.

Unsere Tränen in einem tauben und stummen Himmel flossen zusammen zu grauen Wolken, die schwer waren von Wut und Angst.

Wie war das möglich?

Es gab auch Gefangene mit Hoffnung im Blick.
Dank ihnen habe ich weitergemacht.

Heute lebe ich, denke ich und schreibe ich –
dies freilich mit Überwindung. Denn je mehr ich denke, desto schwerer fällt es mir, eine Antwort zu finden auf so viele Fragen.

Der Appell

Unsere Stacheldrahtmeister wollen uns auslöschen – zielstrebig, doch auch korrekt. So gehen sie mit Eifer daran, uns zu duschen, zu entwürdigen, zu scheren, zu desinfizieren, durchschnittlich einmal im Monat.

Sie wollen auch den präzisen Überblick behalten, und so zählen sie uns so oft wie möglich. Sie tun das mit Einsatzfreude und Phantasie. Alles hängt von ihrem jeweiligen Gemütszustand ab. Ein Anfall von Genauigkeitswahn, und schon sind wir draußen, in Fünferreihen, zu jeder erdenklichen Zeit, am Tag, des Nachts.

Vier menschliche Erfassungsapparate folgen aufeinander und gleichen ihre Zählergebnisse ab. Es dauert eine Ewigkeit, bis sie sich einig sind. Sonne, Regen, Frost können ihnen nichts anhaben. Sie haben ein übergenaues Pflichtgefühl und folgen ihm mit eiserner Disziplin. Wenn sie den Eindruck haben, dass jemand fehlt, können sie, um sich die Sache zu vereinfachen, jederzeit Hunderte von Nummern überspringen. Häufig wird die unglückliche Abwesende tot aufgefunden. Wir stehen, bis die Sache geklärt ist.

Wir warten im Gefauche der Hunde, Geknalle der Peitschen, Gebrüll der Bewacher. Muss es sein, dass uns so große Bedeutung beigemessen wird? Mit ohnmächtiger

Wut verfolgen wir die Addition und Subtraktion dieser Tausende zusammengewürfelter Nummern.

Häufig geschieht es mitten in der Nacht, dass Faustschläge und Peitschenhiebe uns wecken. Die Peitschen haben eine starke Persönlichkeit. Sie äußern sich kraftvoll und streng. Ihre Besitzer hinterlassen einen bleibenden Eindruck. Der Anlass? Es gibt keinen. Da ist nur das übermächtige Bedürfnis, Stärke, Potenz, Bedeutung zu demonstrieren.

An diesem Morgen ist noch einmal die kalte Sonne aufgegangen. Wir wechseln einen hoffnungsvollen Blick mit den Kameradinnen, die noch stehen. Ein bleicher Himmel, eine flauschige Wolke, ein Regentropfen auf der Spitze der Zunge, und das Leben geht noch ein bisschen weiter.

Der gute Aufseher

Auch die Güte kommt manchmal zu mir auf Besuch. Diesmal erscheint sie mir in Gestalt eines abstoßend pockennarbigen Gesichts mit funkelnden schwarzen Augen und einer groben, durchdringenden Stimme. In meinem tiefsten Inneren spüre ich Abneigung gegen dieses große, ungeschlachte Kraftpaket.

Wir laden Schwellen ab und nageln Schienen auf. Mehrere Tage waren wir auf Transport. Zwangsarbeiter wie wir beaufsichtigen uns. Die ihrerseits werden genauestens von schwarzen Totenkopfuniformen bewacht.

Seit mehreren Tagen fällt es mir ungeheuer schwer, mit den anderen Schritt zu halten, und ich betrachte voller Neid die Füße der noch Beschuhten: Meine Treter sind mir gestohlen worden. Sie waren für mich wie ein Schatz: die Sohlen innen mit abgezweigten Zementsackstücken belegt, auf denen ich mir heimlich Notizen gemacht hatte. So ein Diebstahl kommt häufig vor. Dafür habe ich nun ein Paar zu große Latschen, durch deren Löcher die Kälte sticht. Es ist das Leben selbst, dessen ich beraubt worden bin. Ich zwinge mich zu jedem Schritt, ohne etwas zu sehen, die Augen fest auf die vor mir schlurfenden Füße gerichtet. „Schneller", faucht eine laute, böse Stimme.

Kalte Tränen rinnen mir übers Gesicht. Der Schmerz in meinen gefrorenen Füßen ist unbeschreiblich.

Voller Wut und Verzweiflung schlage ich auf die Nägel ein.

Das hässliche Gesicht mit der groben Stimme hat alles gesehen. Plötzlich reißt der Mann mir den Hammer aus der Hand: Ich soll ihm folgen. Er führt mich zu einem Holzfeuer, außer Sichtweite. Mit bösem Geschrei, aber zugleich mit Blicken, deren Freundlichkeit hier geradezu wahnsinnig wirkt, macht er demonstrativ wilde Bewegungen und reibt meine Füße mit Zeitungen warm.

Er holt aus seinem Sack ein Paar Pantinen und zieht sie mir an.

Mit diesem Geschenk gibt er mir das Leben zurück und riskiert zugleich das seine.

Mein guter Aufseher ist mir ein heimlicher, aufmerksamer, mitfühlender Freund geworden, für ganze vier Monate. In diesen hundertzwanzig Tagen war meine Arbeit weniger hart, waren meine Tage weniger lang, denn ich sah in seinen Augen das Gesicht eines Menschen – das meine.

Bei seinem Weggang konnte ich wieder weinen und auf die Möglichkeit menschlicher Güte vertrauen.

Das Konzert von Auschwitz

Achtundzwanzig Jahre habe ich gebraucht, bis ich wieder das Violinkonzert von Brahms hören konnte. Jeder Ton wühlt mich auf und entreißt meinem Gedächtnis das Bild eines heißen, schattenlosen Tages in Auschwitz.

Gegen zwei Uhr drängen sich Tausende von Gefangenen um eine hölzerne Bühne, die mitten auf der Hauptlagerstraße errichtet worden ist. Vorne hocken die Privilegierten. Die weiter hinten drängen und schieben sich vor. Der einzige Schattenplatz, unter der Bühne, wird hermetisch von den Bewachern mit ihren Hunden abgeriegelt. In langsamer Prozession, mit etwas angespanntem, aber würdigem Schritt, begeben sich die Musiker, alles hervorragende Künstler aus verschiedenen Ländern, an die ihnen zugewiesenen Plätze. Ihre Schädel sind geschoren, sie tragen blau-grau gestreifte Hosen und über ihrer Sträflingsuniform eine schwarze Jacke.

Eingezwängt in der Menge, versetzt mich der Beginn des ersten Satzes in einen Taumel von Freude. Auf dem Boden kauernd, zitternd im Ergriffensein, entgleite ich in die

Märchenwelt eines in zauberhafte Schönheit gehüllten Leidens. Mit sanften Schauern durchdringt mich die Musik wie der Atem des Lebens.

Der Beginn des zweiten Satzes wirkt noch rein und dicht; in uns lacht und weint es.

Die Zeit ist stehen geblieben. Doch da ist die Sonne.
Sie trachtet uns nach dem Leben.

In meinem Kopf, meinen Ohren dröhnt und gellt es, ich bin wie erstarrt. Bis zum heutigen Tag behalte ich vom dritten Satz die Erinnerung lähmender Giftstiche. Mein Bewusstsein ist da, doch wie zu Besuch. Mehr und mehr löst die Musik sich auf, und mit einem letzten jämmerlichen Ton fällt ein Instrument auf die Planken, dann noch eines, ein drittes. Geigen quietschen in einer Art Nebel. Die Sonne brennt auf uns hernieder mit unheimlicher Kraft. Das Orchester verwandelt sich in einen zerschlissenen Vorhang, wird schäbig, durchlöchert, zerfällt zu Staub.

Trotz meiner Benommenheit durchschaue ich das teuflische Spiel der SS. Die Hundemeute keucht heran. In weniger als einer Stunde ist die große Feierstunde zu Ende. Wer noch kann, kämpft sich hoch und torkelt in seine Baracke. Die anderen, tot oder sterbend, bleiben auf dem Boden zurück wie tote Blätter nach dem Sturm, von den Hunden beschnüffelt.

Der Sonne sollte bei diesem Anblick schaudern. An jenem Tag habe ich mir geschworen, am Leben bleiben zu wollen – um die Menschen, die zur Vergesslichkeit neigen, daran erinnern zu können, wachsam zu bleiben.

Leben

Die Flammeneruptionen des Krematoriums, die meine Kindheit verschlangen: Wie könnte ich sie vergessen?

Erst Verzweiflung. Dann bloß noch Leere. Eine unmenschliche Erschöpfung hatte mich fest im Griff. Ich hatte alles verloren, sogar meine Erinnerung. Ein Tag, eine Woche, eine Nacht, eine ganze Ewigkeit verwirbelten in meinem Gehirn zu einem einzigen Nebel. Ich war allein. Ich war nichts mehr. Woher kamen diese Tränen? Waren sie noch die meinen? Seltsames Gefühl der Entfremdung. Wirklichkeit, Traum, Verzweiflung: alles eins. Sich aufgeben, dem Todestaumel erliegen: Wie leicht wäre es gewesen!

Das teuflische Konzept der Ausweglosigkeit. Bedachtsam kultivierte Furcht, Ungewissheit, Lüge um uns herum, in uns – Endziel Tod oder Wahnsinn. Wie viele meiner Leidensgenossinnen halfen einander des Nachts, hinten in der Baracke, an dem Ort, wo wir unsere Notdurft verrichteten, Streifen aus ihren Kleidern zu reißen, um sich daran zu erhängen! Man raubte uns jegliche Identität: Andenken, Kleidungsstücke, Haare, sogar die Zähne, wenn sie Goldkronen trugen. Doch in den Herzen von einigen von uns lebte und strahlte die Entschlossenheit, füreinander da zu sein.

Ich höre noch die warme Stimme einer seit fünf Jahren hier gefangen gehaltenen Kameradin, die uns beschwor: *„Erhaltet euch eure Zuversicht. Bloß keine Verzweiflung. Freundinnen sein. Zusammenhalten. Nicht den Mut verlieren: Schwach sein heißt sterben. Wir müssen am Leben bleiben. Als Zeugen."*

Meine freundliche Schwester: Ich kannte nicht ihren Namen. Doch ihre Worte schlugen Wurzeln in mir und halfen mir lange Zeit weiterzuleben, wann immer ich dachte, es ginge nicht mehr.

Zögernd, widerwillig schreite ich heute über die Brücke meiner Erinnerung, damit noch lange nicht die Frauen vergessen werden, denen man ihr Leben gestohlen hat und die uns bis zu ihrem Ende Lebensmut geben wollten.

Weihnachten 1944

Ich werde Weihnachten 1944 nicht vergessen. Zwei Tage Arbeitsruhe für die Weberinnen, die wir zu dieser Zeit sind. In einem ganzen Jahr Gefangenschaft das erste Mal … Zwei freie Tage außerhalb jener verfluchten Fabrik, in der ich von morgens bis abends Garnspulen wechsle!

Ich war für diese Tätigkeit nicht begabt, und ich tat nichts, um sie zu erlernen. Ich heuchelte Arbeitseifer mit Unschuldsmiene, und meine Bewacher sahen ausnahmsweise mal weg. Ich wurde in drei Monaten nicht ein einziges Mal geschlagen – ein bemerkenswerter Rekord.

Am Weihnachtsabend erwartet uns eine große Überraschung. Die Fabrik macht uns ein Festmahl zum Geschenk: ein Würfelchen Margarine, zwei Scheiben Wurst und, um unsere Freude vollkommen zu machen, zwei Esslöffel Kristallzucker. Ein Holzlöffel voll funkelnder Sterne!

Wir genießen dieses Feiertagsmahl gemächlich, damit es lange dauert. Wie gut das tut. Unser Gaumen ist festlich gestimmt, und ein warmes Wohlgefühl breitet sich in uns aus. Es bedarf so wenig, um der Freude am Leben, dem Überlebenswillen auf die Sprünge zu helfen.

Wir werden poetisch, plaudern, was uns am besten schmeckt, rezitieren Gedichte. Der kurzzeitig gemilderte Schrecken der Gegenwart lädt uns ein, in unserem früheren Leben zu kramen. „Weißt du noch? Jene Freundin? Jener Ort? Der Stand mit den gerösteten Sonnenblumenkernen an der Ecke bei der Schule? Mein Lieblingsbuch?“ Für kurze Zeit sind wir wieder Menschen mit einer Geschichte, die weiter reicht als diese aus der Vergangenheit und einer ungewissen Zukunft herausgerissenen Minuten.

Ich bin wer in den Augen meiner Freundin; wir teilen Gedanken und Erinnerungen. Es ist nicht alles in uns tot: Es gibt diese Vergangenheit, wenn auch nur für kurze Zeit. Das sind kostbare Augenblicke, so flüchtig, so knapp. Wir greifen zu und schließen sie in unser Herz wie eine besondere Gabe.

Warten

Wir warten wie lange noch
im harten Winter
im heißen Sommer
in Ungewissheit, Bedrohung

Wir warten
in verbrauchten Sekunden
zerhackten Minuten
endlosen Stunden
    auf Brot
    graue Suppe
    den Tag
    die Nacht

Wir warten
mit Augen
    die trotzen
    flehen
    ermatten
    erlöschen

Wir warten schweigend
mit Händen, die nehmen wollen

sich ausstrecken
drücken
sinken

Wir warten auf das Ende
des Schuftens
mit Beinen
geschwollen
verkrampft
bleiern
grell schmerzend
auf den Todesmärschen
den nach Belieben ausgedehnten Appellen

Wir warten
im Stacheldraht
das Herz voll zum Bersten
vor Ungeduld atemlos
zerfressen von Wut und Ohnmacht
Hass und Angst

Wir warten
mit einem Funken Hoffnung

Die letzten Märsche

Die Alliierten auf dem Vormarsch.
Kanonendonner hinter uns, immer näher.
Wohin wird die Herde getrieben?
Langer Exodus vor der Freiheit.
Dutzende, Hunderte Kilometer – wie viele?
Entfernung gemessen an der Kraft, die sie kostet.
Schritt für Schritt, übermenschlich, im Nebel, ins Elend.

Ich marschiere,
ohne zu sehen.
Stolpere über Steine,
denke nichts als:
nicht stürzen.
Keine Kraft mehr für Furcht oder Hoffnung.
Seit Tagen ohne Essen und Trinken.
Die Nächte unter dem Himmel, im Schlamm.
Unser Transport schmilzt von Stunde zu Stunde.
Zurückgeblieben: Schatten, mit Dreck zugeschmiert,
große, tote Augen.
Eulengesichter.

Den Kopf gesenkt, die letzten Kräfte gesammelt.
Nicht stecken bleiben im Nirgendwo.
Aufrecht.
Mein Dasein, zeitlos,
zieht sich von mir zurück.
Ich marschiere.
Lange nach meiner Rückkehr habe ich
in den Gesichtern geforscht,
die Herzen befragt.
Die Menschen gewogen nach ihrer Güte:
Wer hätte uns gestützt auf unserem Marsch?
Wer hätte sein Brot mit uns geteilt?
Es verlangte mich, in den Gesichtern der Lebenden
das Gutsein zu lesen.

Für dich

Wann war es, als ich dich das erste Mal sah? Auf mein Gedächtnis ist nicht mehr immer Verlass. Unsere Freundschaft entstand außerhalb der Zeit, in der Bewährung. Doch auch heute noch ist sie lebendig.

Erinnerst du dich an die Brotlaibe, die wir aus dem Vorratslager in Frankfurt stahlen? Du spürtest mehr als ich die Gefahr, in die ich mich begeben hatte, und hattest große Angst um mich.

Und wie wir uns anstellten, so unbeholfen, vor diesem ratternden, quirligen Ungetüm von Webstuhl in Zillertal-Erdmannsdorf, dass uns schwindlig wurde? Doch das war damals der einzige Ort, immerhin, an dem wir nicht nur wie Nummern behandelt wurden.

Du hast so gut Gedichte aufgesagt mit deinem träumerischen Blick in die Ferne. Ich habe dir so aufmerksam, sehnsuchtsvoll, voller Bewunderung zugehört – unwissend, wie ich mir vorkam neben dir.

Ich höre noch, wie wir die Läuse mit unseren Nägeln knackten und wie unsere Zähne vor Kälte und Angst in dem eiskalten Zelt in Ravensbrück klapperten. Der Tod schüttelte uns so kräftig die Hand.

Wenn ich mutlos war, führte mich dein Blick ins Leben zurück.

Erinnerst du dich, wie uns das Herz schlug, als wir auf dem letzten großen Marsch ausscherten? Wir dachten, wir wären zu dritt, doch in dem Gestrüpp waren wir plötzlich fünf. Sechs lange bange Tage warteten wir in jenem Wald bei Bischofferode auf unsere Befreier. Wir hatten nichts zu essen. Du befürchtetest, ich könnte dich verlassen. Du hast an meiner Freundschaft gezweifelt, aber du warst so schwach, aufgerieben vom Fieber und von der Krätze.

Nach der Befreiung haben wir uns nicht mehr regelmäßig gesehen, doch die Zeit ist für uns ohne Bedeutung. Wir brauchen keine Ausreden, keine Erklärungen und auch keine Worte, um miteinander zu sprechen.

Viele Gefühle hätte ich nicht auszudrücken vermocht oder wären in mir nicht so lebendig gewesen, hätte ich nicht deine Freundschaft gehabt.

Ein Lächeln, ein Blick bringen mir Freude und Hoffnung. Diese Freundschaft bleibt in mir eine starke Kraft, und ich trinke noch immer aus diesem Quell.

Der Geruch des Brotes

Unsere Reise ins neue Leben erstreckt sich über zwei Tage. Die Erschöpfung und der Hunger haben uns mächtig zugesetzt. Das Paris, von dem wir träumen, ist noch ein gutes Stück weg. Die Stadt, in der unser Zug gerade hält, heißt Namur. Wir sind voller Neugier. Und es riecht so wunderbar kräftig nach frischem Brot. Das weckt unsere Lebensgeister. Und schon sind wir ausgestiegen, haben gegessen – und sind geblieben.

Brot … Sonne … Leben. Das Licht ist überwältigend. Wir sind glücklich – und voller Unruhe. Was werden wir mit diesem neuen Leben anfangen, dem noch die Richtung fehlt?

Kaum sind wir satt, werden wir bereits herumgeschoben, gezählt, eingeteilt, begafft, begutachtet, mit übertriebenem, billigem Mitleid bedacht. Zum Davonlaufen. Doch wir müssen erklären, warum wir hier sind. „Name, Alter?" Blackout, Schweigen. „Beeilung bitte. Sie sind nicht die Einzige" … Eine Erinnerung muss jetzt her, ob ich kann oder nicht. Marsch zurück in die Wirklichkeit. Zumindest den Mund aufmachen.

Wiedergeboren zu werden mitten hinein in eine bereits funktionierende Welt kostet Kraft. Das Tempo ist schwindelerregend. Mir verschlägt es den Atem. Meine Augen, gerade erst aufgerissen, gehen schon wieder zu.

Meine erst siebzehn Jahre und mein erbarmungswürdiger Zustand bringen mir, ebenso wie meinen vier Kameradinnen, einen besonderen Erholungsplatz ein. Vor uns liegen drei Monate in einer schönen ländlichen Gegend unweit Namur. Ich bin weder zufrieden noch unglücklich. Ich ziehe mich in den Schutz eines eingeschränkten Bewusstseins zurück. Abwarten …

Ein echtes Haus

Unsere Hauseigentümerin ist ein altes, gebrechliches Fräulein mit einer großen Nase und wässerigen, tief in den Höhlen liegenden blauen Augen in einem zerfurchten Gesicht. Ihre zusammengepressten Lippen verbergen Missgelauntheit und einen zahnlosen Mund.

Sie empfängt uns fünf Störenfriede mit steifer Zurückhaltung. Sie lebt im Untergeschoss ihres großen zweistöckigen Hauses mit einer Kolonie fauler, hässlicher Katzen.

Wir besichtigen mit ihr die Örtlichkeit. Wir sind hingerissen. Ein eingerichtetes Haus mit echten Möbeln. Zimmer mit Betten … Der Anblick dieser einst vertrauten, dann in einem langen Vergessen versunkenen Gegenstände löst heftige Gefühle aus. Gestern noch die Holzplanke, heute ein zu weiches Bett.

Die Baracke hat sich in ein richtiges Haus verwandelt.

Aus dem Stacheldrahtgeviert ist ein Blumengarten geworden.

Ist das alles Wirklichkeit? Oder ist es nur eine neue Falle?

Ich brauche Zeit, all das zu begreifen.

Es dauert mehrere Wochen, bis ich mich in einem weichen Bett wieder wohlfühle.

Wir verschlingen ganze Brote mit Omelette aus Trockenei.

Dieses traumhafte Gefühl, nicht mehr auf Rationen gesetzt zu sein, steigt uns zu Kopf, macht uns fast krank.

Allmählich werden wir gewahr, dass wir wieder über uns selbst bestimmen können, nach Belieben, frei.

Dieses Bewusstsein der Freiheit ist voller Verheißungen, löst aber auch Ängste aus.

Mein Körper bekommt genug, doch die Seele darin ist kreuzlahm und krank.

Wo soll ich suchen? Wie das Mittel finden gegen die Leere des Lebens?

Das Erinnerungsbild einer Paarung in Auschwitz – die Frau auf den Rücken geworfen, zitternd, mit blauen Flecken – bewahrt mich vor dem Kontakt mit den amerikanischen Soldaten, auf die sich einige meiner Genossinnen stürzen.

Sie sind wohlgenährt, tragen stolz ihre Auszeichnungen, sind ahnungslos.

Sie pflücken die reifen Früchte, fragen nicht.

Das ist nicht die Freiheit, die ich meine.

Das Lächeln

Bang von Einsamkeit streife ich ziellos durch die Landschaft, die im Sonnenlicht vor mir liegt. Das Leben ist eine Last. August 1945: Die von den Betreuungsorganisationen verordnete Erholungszeit geht zu Ende. Was soll ich tun? Wofür mich entscheiden? An wen mich wenden, wohin? Lebendig bin ich nur für mich selbst; was bin ich für die anderen?

Schluss machen? Weitermachen? Ja, aber nicht um jeden Preis. Zwei Beine tragen brav eine Blinde. In mir tobt ein lautloser Krieg. Das Pendel der Entscheidung reagiert wie in Panik.

Ein Ehepaar will mich kennenlernen. Ich habe die beiden nicht ankommen sehen. Sie stehen vor mir – zu spät, um mich davonzumachen. Die Dame lächelt mir zu. Na, so was! Ihre Freundlichkeit erlöst mich zurück zum Leben und befördert mich gleichzeitig in eine unverständliche, beunruhigende Welt. Wir können uns nicht verständigen – ein lähmendes Gefühl. Die Sprache der Hände, warmer Stimmenklang – mehr ist da nicht. Es folgt die Peinlichkeit einer unbeholfenen Stille.

Ich mache mich schnell davon, zurück zu diesem Ich, das zweifellos existiert, aber von einem Luftzug davongeweht wurde. Die neuen Freunde haben es gespürt und respektiert. Nun bin ich wieder allein auf dieser Kreuzung von tausend Straßen.

Später wurde diese zufällige Begegnung mein Ariadne-Faden, mein Leit-Seil zu einem neuen Aufbruch. Ich habe auf diesem Seil mancherlei Kunststücke vollführt. Doch die Wärme, die Güte dieses ersten Lächelns habe ich nie vergessen.

Ich habe den Weg gewählt, den ein Zufallslächeln mir ausleuchtete. Es war ein Weg voller Dornen. Ich habe mich auf ihm oft verletzt. Doch im richtigen Augenblick schien wieder die Sonne. Heute sind die Wunden geschlossen. Sie sind ebenso viele Öffnungen auf den Wegen der Freundschaft.

Sterben

Er hätte es mir abgenommen dieses armselige Leben
Hätte ich ihn gelassen
Nichts leichter als das
Ein Anfall von Schwindel
Das flüchtige Glück einer kleinen Zeitlosigkeit
Da räusperte sich der Frühling
In meinem Gedächtnis dem früh verletzten
Und ich hörte ihn
Jenseits des Stacheldrahts

Der Löcherkoffer

Im September 1945 kehrte ich mit einem löchrigen Koffer ins Leben zurück. In Ermangelung von Kleidern war er mit Hoffnungen, Träumen, auch Befürchtungen vollgestopft.

Unbehaglich wie in einem zu engen Kleid klopfte ich an die Tür der Dame mit dem Lächeln. Sie hatte mich als Haushalthilfe und Köchin eingestellt. Ich hatte von nichts eine Ahnung. Was musste ich nicht alles gleichzeitig lernen! Die Dame mit dem Lächeln merkte es schnell und war oft verärgert. Es bedurfte so wenig, mir Mut zu machen, aber noch weniger, ihn mir zu nehmen.

Ich sprach fließend mit Augen und Händen. Ich konnte Blicke lesen; ein sechster Sinn diente mir als Antenne. Ich konnte auf Französisch nur ein einziges Wort: „formidable". Was für ein großes Wort im Mund von einer, die sonst kein Wort verstand!

Für den Haushalt hatte ich keine Begabung, doch ich war eine leidenschaftliche Köchin. Ich kochte nach Gefühl. Für ein Lächeln ersann ich süße Kreationen. Erstaunt ließen die Menschen meiner Umgebung es sich schmecken.

Nach einigen Wochen teilte mir die Dame mit dem Lächeln mit, dass sie einen neuen Wohnsitz in Amerika habe. Mit einem Schlag war meine Begeisterung für das Kochen dahin und mein Leben wieder leer.

Ein Herr, im vollen Bewusstsein seiner Bedeutung, suchte eine Hilfe für die Zeit bis zur Rückkehr seiner Familie. Ich begab mich in seine Dienste mit meinem Koffer voller enttäuschter Hoffnungen. Aber es sagte mir nichts, für einen Mann tätig zu sein, der mit seinen Spinnenfingern hemmungslos weichen Teig aus den belgischen Brötchen bohrte, um ihn dann auf seinem Teller liegen zu lassen. Er seinerseits hielt nichts von meinen kulinarischen Künsten. Wir trennten uns ohne Bedauern.

Ich stand wieder auf der Straße. In meinem Löcherkoffer, der mittlerweile voll von Kleidern war, doch um etliche Träume geleert, die neuen Enttäuschungen und Befürchtungen Platz gemacht hatten, befand sich auch der Wille, die Hoffnung nicht aufzugeben und nützlich zu sein.

Ich brauchte dreißig Jahre, bis ich mich entschloss, dieses Buch zu schreiben.

Diese Seiten stammen aus einer dunklen Vergangenheit. Ich habe gelernt, zu ihr zu stehen. Das verdanke ich der Liebe meines Mannes, der erhofften und dann doch unverhofften Ankunft unserer vier Kinder, die uns brauchten, und der Freundschaft, die mir so reichlich entgegengebracht wurde. Auch die Gesichtszüge meiner Eltern standen mir bei der Niederschrift sehr deutlich vor Augen, ebenso wie diejenigen meiner Leidensgenossinnen während eines schlimmen Jahres. Ihr Sprechen und ihr Schweigen waren wichtig für mich, um am Leben zu bleiben für Zeitzeugenschaft und Hoffnung. Es gibt dieses Geheimnis der guten Begegnung. Ich bezog daraus Kraft – auch Überlebenskraft.

Heute[2] weiß ich mit Bestimmtheit, dass es die einfühlsame, erfindungsreiche Liebe meines Mannes – meines Freundes – war, die mir den inneren Frieden gebracht hat, weil er an mich glaubte. Seit einundzwanzig Jahren sind wir dabei, in den Freuden und Schwierigkeiten des Alltags mit nie erlahmender Begeisterung die Liebe immer wieder neu zu erfinden.

2 Anmerkung des Verlags: *Les Chemins du Temps (Die Wege der Zeit)* ist 1977 im Verlag Editions ouvrières mit einem Vorwort von Roger Ikor erschienen. Die vorliegende Fassung wurde von der Autorin überarbeitet und korrigiert.

Seine Familie ist auch die meine geworden. Seine Eltern sagten ihm, bevor sie mich kannten: „Du hast sie gewählt, also ist sie die Richtige." Ihr Vertrauen hat mir das Herz wieder erwärmt und mich auf meinem Weg der Versöhnung bestärkt.

Die Treue, die Dame mit dem Lächeln, der ich begegnete, als ich einsam war, und die mir über die Zeiten hinweg trotz aller Schwierigkeiten verbunden blieb, die tausend Wunder der Freundschaft haben es mir ermöglicht, meine Vergangenheit neu unter dem Blickwinkel der Hoffnung zu sehen und mich mit ganzer Kraft vertrauensvoll dem Leben anheimzugeben. Ich glaube an die LIEBE. Wo sie wirkt, wird das Leben warm und hell.

Ich bin nackt gewesen und ihr habt mich gekleidet.
Matthäus 25,36

Vergebung macht Vergangenes nicht ungeschehen; sie bewahrt die vergebene Vergangenheit in geläuterter Sicht.
Emmanuel Levinas

Gott, du kannst uns nicht helfen.
Vielmehr sind wir gerufen, dir zu helfen.
Etty Hillesum,
Tagebuch, Eintragung vom 12. Juli 1942

AUS DER FINSTERNIS ZUR FREUDE

Der Sinn meines Lebens

In Birkenau winkte eine Sterbende mich zu sich hin. Sie öffnete ihre Hand. Darin lagen vier Stückchen verschimmeltes Brot. „Nimm", hauchte sie. „Du bist jung. Du musst leben. Du musst das bezeugen, das alles hier. Damit es nie wieder geschieht, nirgendwo."
Ich habe diese vier Stückchen Brot genommen. Ich habe sie gegessen, vor ihren Augen. Ich las in ihren Augen, dass sie gütig war – und dass sie sich aufgegeben hatte. Ich war sehr jung. Es war fast zu viel für mich, was sie mir gegeben – und damit aufgetragen – hatte.

Lange Zeit hatte ich dieses Erlebnis vergessen.

1978 behauptete der französische Journalist, militante Antisemit und rechtsextreme Politiker Darquier de Pellepoix: „In Auschwitz wurden nur Läuse vergast." Die Empörung über diese perverse Behauptung legte meine Erinnerung an jenes Erlebnis frei. Ich sah wieder das Gesicht dieser Frau. Ich konnte nicht länger schweigen.

Auftritte in der Öffentlichkeit sind mir eine Last. Aber ich muss das auf mich nehmen – nicht als „Pflicht gegen das Vergessen", sondern aus Treue zur Erinnerung an jene Frauen und Männer, die vor meinen Augen ausgelöscht wurden.

Als ich abtransportiert wurde, war ich sechzehn Jahre alt. Ich war unter den ungarischen Juden eine der ganz wenigen Zurückgekehrten.

Ich blieb verschont.

Ich bin am Leben.

Ich habe Ja zu meinem Leben gesagt.

Es ist für mich völlig klar, dass diese Todeserinnerung in ein Ja zum Leben verwandelt werden musste. Ich habe begriffen: Frieden wird nur sein, wenn jeder von uns Freude an *seinem* Leben gewinnt oder wiedergewinnt.

Bedachtsam blättere ich im Buch meines Lebens. Es enthält leere Seiten, vergilbte, verblasste und stille, die darauf warten, gelesen zu werden.

Das Morgen liegt in meinen Händen.

Mein Gedächtnis war eingefroren.

In einem langen Prozess der Verarbeitung ist es aufgetaut.

Heute werden meine Tage von den leuchtenden Farben des Herbstes erhellt.

Die letzte Minute

Wie soll es mir gelingen, aus einem Ort des Todes, wie Auschwitz es war, einen Ort des Aufrufs zum Leben zu machen?

Werden die Schreie des Lebenwollens, Schreie bis zur letzten Minute, vernehmbar bleiben für alle Zeit?

Es tut mir weh, wenn jemand sagt, meine Brüder und Schwestern seien „wie stumme Schafe“ in die Gaskammer gegangen, während ich noch höre, wie sie bis zur letzten Minute beteten und den Himmel anflehten.

Diese letzte Minute ihrer Hoffnung auf Leben.

Mahnen unsere Ausgelöschten uns heute nicht, aus dieser Unmenschlichkeit die Konsequenz zu ziehen, Frieden zu machen für ein besseres Leben unserer Generation und der Generationen nach uns?

Ich möchte, dass aus dieser tief in mein Herz eingeprägten Erinnerung die Lebens- und Tatkraft für ein überzeugendes „Nie wieder“ wird.

GOTT spricht in uns und durch uns.

ER hat Adam gefragt: „Wo bist du? … Was hast du da getan?“

Und ER hat Kain gefragt: „Wo ist dein Bruder? … Was hast du getan?“

Diese zwei Fragen des EWIGEN bestimmen und beseelen mein Leben.

Ungarn

Die Erinnerung an meine Kindheit und mein Heranwachsen war lange Zeit genauso dunkel wie das Schweigen der Erwachsenen. Die Wunde mit Namen „Ungarn" schmerzte so sehr, dass ich mein Gedächtnis verriegelte. Ich hatte alles vergessen, bis hin zu meiner Muttersprache.

Heute kann ich das endlich wieder: daran denken und darüber sprechen, wie es damals in Ungarn war.

Aus zwei Quellen bezog ich hierfür die Kraft. Meine Tochter Anne stand mir, ohne zu drängen, zur Seite, sooft ich sie brauchte. Und ich war innerlich zur Ruhe gekommen. Mit Anne kehrte ich nach Ungarn zurück, und mit ihr überwand ich meine schlechten Gefühle gegenüber den Leuten dort. Mehr als 437 000 Juden waren in nur drei Monaten seit April 1944 deportiert worden.

Wie sollte ich meine Erinnerung einem Buch anvertrauen und es gäbe darin kein Kapitel über das, was mir in Ungarn angetan worden ist? Erst als mein Inneres Frieden und Ruhe gefunden hatte, fühlte ich mich frei genug, über mich selber in dieser Geschichte zu schreiben.

Es war ein langer Weg. Ich habe lernen müssen, mich nicht wichtig zu nehmen und Abstand zu gewinnen.

In den offenen Stellen meiner Wunden habe ich Leben wachsen lassen, so gut es ging.

Ist es mir gelungen?

Das Bekannte ist der Schleier, der zwischen mir und meiner Kindheit liegt.

Von meiner Kindheit sind mir nur Momentaufnahmen geblieben. Dieses und jenes blitzt in den Tiefen meiner Seelenwerkstatt auf.

Ich sehe vor mir ein gelbes Haus. Unter seinem Vordach drehe ich auf meinem Tretroller kilometerlang meine Runden. Wir hatten einen großen Garten mit Bäumen, die mir Zuflucht boten, wenn ich wütend war. Lauthals singend ließ ich die Beine schlenkern und schaute verächtlich auf die ganze Erde herab. In diese Baumwelt zog ich mich auch zurück, die Taschen mit Zetteln gefüllt, um meine Gedanken niederzuschreiben.

Als Kind ließ ich mich oft gehen, vor allem nach der Geburt meiner Schwester Irene, deren Vorhandensein, so schien es mir, meine Mutter zu wichtig nahm. Wir waren vier Jahre auseinander, ich nahm der ganzen Welt übel, dass ich nicht mehr im Mittelpunkt stand.

Ich musste vierzehn Jahre alt gewesen sein, als mein Vater, weil er Jude war, zur Zwangsarbeit abkommandiert wurde. Wir kannten nicht seinen Aufenthaltsort. Ich verstand nicht, warum er so lange weg war. Einmal kam er nach Hause zurück, entkräftet, zerschlagen, kaum wiederzuerkennen. Wir wagten nicht, Fragen zu stellen. Wir lebten in tiefstem Schrecken. Die Angst hatte mich stumm gemacht und mir den Sinn für die Wirklichkeit geraubt.

Der Terror gegen die Juden in Ungarn und ihre Entwürdigung wurden immer schlimmer. Wir durften nicht mehr zur Schule gehen. Ich verstand solche Ungerechtigkeit nicht. Der Schock war schrecklich. Für mich war das Leben zum Stillstand gekommen.

Meine Mutter trug und ertrug alles. Sie meisterte die täglichen Schwierigkeiten, ohne zu klagen. Meine kleine

Schwester und ich halfen ihr auf unsere Weise. Wir spielten ihr auf unseren Geigen ein Lied, das sie oft gesungen hatte. Wir sahen ihr in die Augen, schöpften Mut, und es war nicht wichtig, dass wir nicht immer die richtigen Töne erwischten. Sie verlor nie die Fassung. Ihre blauen Augen signalisierten Beruhigung.

Noch eine Erinnerung: In dem kleinen Dorf, in dem ich geboren wurde, schlossen wir uns am Karfreitag in unserer Wohnung ein. Denn am Karfreitag teilten die Christen auf dem Kirchgang Hiebe mit ihren Kreuzen aus und schlugen uns die Fenster ein. Die Dorfbewohner gaben unserer kleinen Gemeinde die Schuld am Tod Jesu. Ich war starr vor Schreck.

Um überhaupt weiterleben zu können, hatte ich das alles vergessen. Ich brauchte viel Zeit und musste erst wieder geduldig mein Vertrauen in das Leben zurückgewinnen, bis es mir allmählich gelang, wieder Worte zu finden.

Mein Bündel ist voll von Wörtern, die noch nicht zur Welt gekommen sind.

Krise

Mein Leben wurde mit sechzehn Jahren angehalten, mitten in der Adoleszenz, mitten in der Auseinandersetzung mit meinen Eltern. In Auschwitz wurde ich von meiner Mutter und meiner Schwester getrennt, ohne dass ich sie hätte auch nur ansehen, geschweige denn ihnen zulächeln oder zuwinken können, und als ich wissen wollte, wo sie geblieben waren, erklärte mir die Blockälteste mit größter Gleichgültigkeit: „Da sind sie schon, deine Mutter und deine Schwester, in den Flammen dort drüben aus dem Kamin." Mein Leben stand ein zweites Mal still.

Ich war versteinert vom Schrecken dieses Anblicks, von dem Schuldgefühl, dass ich mich von den Meinen nicht hatte verabschieden, sie nicht hatte um Verzeihung bitten können. Ich sank in einen ohnmächtigen Kummer, in eine bodenlose Verzweiflung. Hätte ich nicht augenblicklich völlig abgeschaltet, ich glaube, ich hätte den Verstand verloren.

Das Schuldgefühl nagte auch nach meiner Befreiung an mir, das Schuldgefühl, am Leben zu sein – ich. Warum die anderen nicht? Sie waren tausendmal so viel wert wie ich. Was sollte ich mit mir anfangen? Ich fühlte mich unerträglich nutzlos, unfähig, verlassen, schuldig und sah keinen

Sinn mehr und keine Freude im Leben. Die Angst gewann wieder die Oberhand. Ich wurde DIE ANGST, sie drängte mich, den Wunsch zu hegen zu verschwinden. Ein unerwartetes Lächeln hat mich vor dem Absturz bewahrt. Gesegnet sei dieses Lächeln. Aber die Selbstvorwürfe verließen mich nicht.

Siebenunddreißig Jahre lang habe ich unablässig gegen diese Halbwüchsige gekämpft, die sich nicht verzeihen konnte, am Leben zu sein, und gegen diese Erwachsene, die untrainiert ein Wettrennen bestehen sollte. Ich rannte, um die Zeit einzuholen, um wie jedermann zu sein, doch in meinem Inneren, im Stillen, saugten mir Abertausende Läuse das Blut aus den Adern. Nach außen wurde ich immer lauter, eine richtige Nervensäge. Ich arbeitete, studierte, versuchte, jemand zu werden. Mein Lächeln erweckte den idealen Anschein einer Identität, die ich nicht hatte.

Ich verwandte so viel Kraft auf den Schein statt auf das Sein. Woher kam dieser Wunsch, alles zu tun, um es allen recht zu machen? Tat ich es, damit ich Vergebung erlangte? Und wofür?

Intuition

Während meiner Gefangenschaft habe ich nicht versucht, das, was mir gerade zustieß, zu verstehen. Intuitiv überließ ich mich der Situation. Die Intuition ist die Intelligenz des Lebens. Sie ist die Inspiration, die nicht aus uns kommt, sondern uns einlädt zum Licht.

Der Tod wurde mir ein selbstverständlicher Freund. Ich fürchtete ihn nicht. Sobald ich ihn akzeptiert hatte, gab es zwischen ihm und mir keine Schranke mehr, ich war frei, das Leben zu erfinden. Diese Gewissheit hat mir Energie gegeben, eine Lebenskraft von außerhalb meiner selbst.

Jeder war auf sein eigenes Überlebenwollen reduziert. Ich begriff, dass ich nur enttäuscht werden konnte, wenn ich mein Herz an etwas hängte. Hätte ich überlebt, wenn ich mit meiner Mutter und meiner Schwester zusammengeblieben wäre?

Ich frage es mich, auch heute noch.

Ich spürte in mir einen Raum, zu dem die Henker keinen Zugang hatten. Sie konnten sich nicht vorstellen, wie sehr sie für mich das absolute Böse repräsentierten.

Ich wurde seelisch taub. Die leblosen Körper um mich herum ließen mich kalt. Der Überlebensinstinkt hatte Vorrang vor dem Leiden der anderen. Es gab die anderen nicht.

Hunger und Durst haben keine Moral. Der Hunger zehrte mich auf. Ich wurde DER HUNGER. Ich wurde DER DURST.

In Auschwitz sprachen nicht die Worte, sondern die Gesichter, die Rücken, die Füße, die Hände.

Ich wurde bei der Einlieferung nicht registriert und erhielt auch keine Nummer eintätowiert. Die ungarischen Juden wurden in solchen Massen eingeliefert, dass einige durch die Maschen dieses Netzes schlüpften. Mehrere Male habe ich in einer bestimmten Situation auf meine Intuition gehört, die mir sagte, ich solle die Reihe wechseln, wenn ich von den Rücken und Füßen vor mir die Auskunft erhielt, sie würden es nicht mehr lange machen. Nicht tätowiert zu sein hat zu meinem Überleben beigetragen.

Mein Baum

In meiner Kindheit lebte ich von einer großen Stille umfangen.

Meine Eltern redeten nicht in unserer Gegenwart. Doch ihre Gesichter waren ausdrucksvoll.

Ich brauchte jemanden, mit dem ich sprechen konnte: Der Baum, auf den ich kletterte, wurde mein Freund.

Jeden Abend ging ich zu ihm und berichtete ihm von meinem Tag, meinen Freuden und meinem Kummer. Er hörte mir zu, nahm Anteil an meinem Leben.

Er war keine Sache. Er war ein Lebewesen, mehr noch: eine Person, die mich zu trösten verstand.

Er war zu groß, als dass ich ihm meine Zuneigung durch eine Umarmung hätte ausdrücken können; so streichelte ich liebevoll seine Rinde.

In dem KZ, das den Namen „Birkenau" trug, stand kein Baum, flog kein Vogel. Da waren nur Wesen, die einmal Menschen genannt worden waren. Wir wurden als nutzlose Gegenstände betrachtet. Die Nazis verfuhren mit uns, wie es ihnen in ihrer Grausamkeit beliebte.

Doch sie hatten keinerlei Macht über den Himmel. Sie konnten uns nicht daran hindern, Kraft aus seiner bestirnten Schönheit zu schöpfen.

„Ich habe den Baum gebeten: ‚Sprich mir von Gott', und er blühte." Ich habe mir diesen Ausspruch Rabindranath Tagores zu eigen gemacht.

Erinnerung an den Himmel

In Auschwitz schenkte mir der Wind das Federchen eines Vogels. Ich barg es in meiner Hand, als käme es aus einer anderen Welt.

Um vier Uhr morgens sah ich die Sterne ziehen im Rhythmus der Schläge und des Geschreis.

Sie blickten, so schien es mir, auf uns mit tränenglänzenden Augen, sprachlos über so viel Grausamkeit auf der Erde der Menschen.

Beim langen Stehen, in der Erschöpfung suchten wir Stärkung aus diesen Tausenden Lichtern. Auf jedem, so stellte ich mir vor, wohnte eine Familie – hier die meine, und auch für alle Kameradinnen je ein Stern – und wachte über uns.

Diese seltenen Augenblicke halfen, den anbrechenden Höllentag zu bestehen.

An einem Sonntagnachmittag in Birkenau war der Himmel nicht mit Asche verhängt; er erstrahlte in Licht. Der Wind vertrieb die Wolken; sie zogen rasch dahin. Ich war ergriffen von der Schönheit dieser Bewegung. Wenn die Wolken sich bewegten, so sagte ich mir, konnte auch ich mich bewegen.

Im Traum flog ich auf Wolken über die Welt.

Das Gedächtnis des Herzens

Was in der Tiefe meines Gedächtnisses ruht, ist etwas anderes als die aktuelle Erinnerung. Diese ist gefühlsbedingt. Sie hängt mit meinem augenblicklichen Gemütszustand zusammen. Geht es mir gut, erinnere ich mich an andere Erlebnisse, als wenn ich traurig bin.

Was in der Tiefe meines Gedächtnisses ruht, wird durch unvorhergesehene Ereignisse – eine Äußerung, Situation, ein Missbehagen, Leiden, Nachdenken – an die Oberfläche gebracht. Nicht alles wirkt in derselben Weise; jedes Ereignis ist einmalig und hinterlässt einmalige Spuren sowohl in der Geschichte wie im Gedächtnis derer, die sie erleben.

Ich habe mich aus dem Winter meiner Erinnerung befreit. Ich weise meine verbrannte Erinnerung nicht mehr zurück. Ich lasse sie zu mir kommen. Schreiben heißt schöpfen aus dem, was mein Herz bewahrt hat.

Reisen des Herzens

Welches Ziel wähle ich: Menschsein oder ewiges Opfer?

Ich bin durch Unvorstellbares hindurch.
Ich lebe.
Alles ist möglich …
Sogar das Unmögliche.

Ein Blick kann töten.
Ein Blick kann helfen, das Licht der Welt zu erblicken.
Ich bin verantwortlich für meine Blicke.

Wenn das Herz es will, schmilzt der Eisberg.
Eine Geste sagt mehr als Worte.

Ich habe die Güte gespürt, die Unentgeltlichkeit einer Geste, die ich fest in meinem Herzen bewahre.

Im Viehwaggon nach Auschwitz sah ich voller Neid, wie eine Frau sich ein Stück Wurst in den Mund steckte. Sie bemerkte es und gab mir eine Scheibe ab. Ich teilte sie mit meiner Mutter und meiner Schwester.

Für das Glück, in den Genuss dieser Geste des Gebens zu kommen, lohnte es sich zu leben.

Ja sagen, Nein sagen

Auf meinem Lebensweg hatte ich manchmal Mühe mit dem Ja und dem Nein. Immer nur Ja zu sagen ging zu Lasten meines Ichs. Ein Nein machte mich unsicher, zögerlich, kostete Kraft.

Wie besser die Mitte finden?

Als Kind, wenn ich zweifelte, ob ich mich richtig verhalten hatte, sprach ich oft laut mit mir selbst. Wenn ich mich so hörte, wurde ich ruhig, spürte ich mich. Ich stellte mir Fragen und gab mir Antworten. Ich begriff oft nicht, warum mir etwas durch den Kopf ging, doch es tat mir gut, mich zu hören.

In den Lagern redete ich zu meinen Füßen. Ich gebot ihnen, mich nicht im Stich zu lassen. Das tat ich manchmal so konzentriert, dass ein Schlag, der mich traf, weniger schmerzte. Ich mochte sie, meine Füße, Augen, Hände. Meinen übrigen Körper mochte ich nicht; er war so dreckig, dass es mich ekelte. Er gehörte nicht zu mir. Ich habe lange gebraucht, um mich an ihn zu gewöhnen und ihn als den meinen zu akzeptieren.

Mein Körper hat ein untrügliches Gedächtnis. Die Worte, die er mir eingibt, sind die wahrheitsgetreuesten.

Erst als ich meine Grenzen bejahen und mein So-Sein annehmen konnte, fühlte ich mich im Einklang mit mir selbst. Von da an konnte ich Ja und Nein sagen.

Meine Wege im Leben haben mich begreifen lassen, dass nichts mir geschuldet ist.

Dass alles ein Geschenk ist.

Geboren zu neuem Leben

Ich war allein mit Ängsten, die mich zerrissen.

Als ich im Mai 1945 mit vier Leidensgenossinnen am Bahnhof Namur ankam, begrüßte uns duftendes Brot. Wir schmatzten und schwelgten. Diese Freude! Die hatten wir nicht mehr gekannt.

Wir wurden – schnell, schnell – gezählt, und registriert werden mussten wir auch. Es hagelte Fragen, das war mir zu viel. Meine vier Freundinnen füllten die Formulare für mich aus.

Ein amerikanischer Armeerabbiner nahm uns in seine Obhut. Angesichts unseres körperlichen Zustands brachte er uns ins Krankenhaus.

Nach unserer Entlassung quartierte er uns in einem Privathaus ein, damit wir wieder zu Kräften kämen. Das war das letzte Mal, dass wir ihn sahen. Drei Monate lang erhielten wir per Postanweisung Geld für Essen und Trinken. Wir dachten, er würde mal nach uns sehen. Doch das war nicht der Fall. Ernüchtert und enttäuscht schlossen wir daraus, dass wir eine unnütze Last waren, dass niemand sich für uns interessierte. Wir machten uns auf ein ödes Leben gefasst.

Sollte ich leben? Und warum? Oder sterben? Und warum? Es gab keine Erklärungen und auch keine Aussicht, sie zu erhalten.

Es waren Blicke und Gesten, die mich zu neuem Leben erweckten.

Die Dame mit dem Lächeln besorgte mir, ehe sie nach Amerika verschwand, einen Platz in einem Waisenhaus. Ich sollte nicht allein bleiben. Vier Jahre verbrachte ich dort. Da wurde mir klar, dass ich wirklich allein war.

Es fehlte im Heim nicht an Brot und Wasser. Doch über allem lag eine schwere, kalte Traurigkeit. Hätte ich nicht Kurse für Französisch und Flämisch belegen können, um mich auf die Aufnahmeprüfung für die Hochschule vorzubereiten, ich wäre in ein bodenloses Nichts abgeglitten.

Die Dame mit dem Lächeln schickte mir für meine Ausbildung Geld. Der Heimleiter hatte Vertrauen zu mir und ließ mir außerhalb des Unterrichts viel Freiheit. Ich ging in Brüssel auf Entdeckungsreise, sah mich in Museen um, las viel, besuchte Mittagskonzerte. Das richtete mich auf und machte mir Freude. Ich nahm das Leben nicht mehr so schwer.

In meinem Unterbewusstsein rumorte aber noch die Lagererfahrung.

Vor mir lag ein neues Leben. Ich nahm es mit seinen Licht- und Schattenseiten.

Im Sommer, in meiner Waisenhauszeit, am Meer kam die Direktorin zu der Überzeugung, ich sei begabt im Umgang mit Kindern. Als ich ihr eröffnete, ich wolle studieren, um mich um verlassene Kinder zu kümmern, unterstützte sie mein Vorhaben ohne Wenn und Aber. Mein Studium dauerte vier Jahre. Ich war mit Feuereifer bei der Sache. Ich schaffte das Diplom als Erzieherin und Psychologin, weil ich fest entschlossen war, an der Seite dieser Kinder zu bleiben. Diese Arbeit war mir stets eine große Hilfe, um mich selbst besser zu verstehen und andere Menschen da abzuholen, wo sie gerade waren.

Um das zu erreichen, bastelte ich mir ständig kleine Hilfen. Ich schnitt farbige Pappstückchen aus und malte darauf jeden Tag in Großbuchstaben einen Zuspruch: *„Magda, du schaffst es“, „Das Leben will angestrahlt werden“, „Glaube an dich“, „Hilf dir selbst, dann hilft dir Gott“, „Wenn dich jemand kleinmachen will, schau weg“.* Ich behielt die Sprüche in meiner Tasche und tastete nach ihnen, wenn ich den Mut verlor.

So konnte ich begreifen, dass Depression keine Krankheit ist. Depression sind die Augenblicke, in denen mir mein Lebendigsein gleichgültig ist. Die Farbe des Tages hängt von meinem Seelenzustand ab.

Wir sind niemals geheilt. Wir befinden uns immer auf dem Wege der Besserung.

Jüdin ohne Gesicht

Ich wuchs in einer säkularisierten jüdischen Familie auf. Aus den Lagern kam ich mit schmerzhaften Fragen, wohin ich gehörte.

Mir selbst überlassen, ohne Halt, ohne Bezug: Mit wem sollte ich mich identifizieren? Wer sollte mir erklären können, was ein Jude ist?

Isoliert und verstört, wie ich war, schämte ich mich damals, eine gesichtslose Jüdin zu sein, und war traurig, dass ich mich schämte.

Dieses Identitätsvakuum machte mir schwer zu schaffen. Haltlos, verloren, sehnte ich mich begierig nach Orientierung und suchte dabei in schüchterner Distanz das Vorbild von Menschen, die ich für fähig hielt, sich frei zu entscheiden. Sie wussten, wie man leben musste, während ich noch alles zu lernen hatte. Wie lernen? Mit wem?

Unerwartete Begegnungen brachten mich auf meinen Weg und halfen mir, es endlich anzupacken: den Boden meiner Herkunft freizulegen und zu beackern. Nur so war es mir möglich, zu einem neuen Leben geboren zu werden.

Unerwartete Versöhnungen

Vor Verachtung bietet auch Elefantenhaut keinen Schutz.

Nichts ist schwieriger, als sich aufzurichten, wenn man gedemütigt worden ist.

Demütigung macht uns klein.

Wenn die Nazis sich das Unvorstellbare vorstellen konnten, ein ganzes Volk systematisch zu ermorden, warum können dann nicht *wir* uns das Unvorstellbare vorstellen, eine humanere, solidarischere Welt zu schaffen, in der die Menschheit aufblühen kann?

Der Pluralartikel „die" ist gefährlich, um nicht zu sagen: verheerend. Er stiftet Verwirrung, Hass, löst Krieg und Vernichtung aus: *die* Franzosen, *die* Deutschen, *die* Araber, *die* Juden … da wird die Menschheit *mit* einem Wort *auf* ein Wort reduziert. Die Deutschen sind nicht alle Nazis; Hitler ließ fünfhunderttausend von ihnen, die ihm im Wege standen, beseitigen. Die Franzosen sind nicht alle Antisemiten, die Muslime nicht alle Fundamentalisten. Die Juden – auch sie sind nicht so, wie antisemitische Mythen und Wahnbilder sie seit Jahrhunderten zeigen.

Mit dem Pronomen „man" kann man egal was über egal wen sagen. „Man" lässt alles im Ungewissen. Auf leisen

Sohlen schleppt es schwergewichtige Inhalte mit großen Folgen daher und lässt dabei offen, um wen es geht.

„Man" ist abstrakt. Über die Lippen gebracht, kann seine Botschaft zu einem gefährlichen Gerücht werden mit dem Potenzial zu verletzen, zu töten, Panik auszulösen, ohne dass „man" jemals erfährt, wer es in die Welt gesetzt hat. „Man" bringt die Person zum Verschwinden. Wie behutsam und vorsichtig sollten wir mit diesem Wort umgehen!

Die Würde des Menschen wiederherzustellen, wo sie verletzt wurde: Das ist, auf meinem bescheidenen Niveau, der Sinn, den ich meinem Leben zu geben versuche.

Heute fühle ich mich nicht als Opfer des Holocaust, sondern als Zeugin, die mit sich selbst im Reinen ist.

Ich begriff: Das Beste in einem Menschen zu wecken konnte ich erst, als ich mich von meinen eigenen Verletzungen, Ängsten, Anwandlungen zur Gewalt befreit hatte. Nur unter dieser Voraussetzung kann ich jemanden da abholen, wo er ist.

Ein Blick des Zutrauens, ein ehrliches Lächeln, Zeichen, Wort machen uns frei und stärken unsere Selbstsicherheit, unser Verantwortungsbewusstsein, unsere Solidarität. Mit Geduld und mit der Weisheit der Zeit können wir Fährleute des Lebens, der Hoffnung und des Friedens werden.

Unsere Taten verpflichten uns.
Jeder Einzelne kann sich zu Achtung oder Verachtung des Menschen,
für Taten der Gewalt oder des Friedens entscheiden.
Es liegt an jedem Einzelnen zu sagen und
es immer wieder zu sagen,
dass das Leben heilig und einmalig ist,
dass „Gegen Vergessen – für Solidarität“ ein guter Wahlspruch für die Errichtung einer besseren Zukunft ist.

Zeugnis ablegen, Erfahrung vermitteln

Die Welt ist nicht bedroht von den Menschen, die böse sind, sondern von denen, die Böses zulassen.
Albert Einstein

Meine Worte stoßen rasch an Grenzen, wie ich. Wie kann ich das, was ich erlebt habe, vermitteln, ohne dass es banal wirkt, ohne dass ich andere belaste oder bedrücke?

Gewiss wäre es kontraproduktiv, den jungen Menschen von heute bloß zu sagen, wie schlimm alles war.

Wie kann ich das, was eigentlich gar nicht gesagt werden kann, so vermitteln, dass jeder, der es vernimmt, es als Appell an seine Verantwortung und als ein Ja zum Leben versteht?

Mein Ansatz ist pädagogischer Art. Manchmal laden Geschichtslehrer oder -professoren mich ein, in den höheren Lehranstalten Zeugnis abzulegen über die Deportation der Juden. Dann verteile ich vorweg einen Fragebogen an die Schüler oder Studenten. Die Antworten – sie bleiben anonym – werte ich zusammen mit zehn Vertretern aus dem Publikum aus. So kann ich meine Fragen und meine Antworten besser auf die – zwischen 150 und 300 Teilnehmer – abstimmen.

Im Allgemeinen scheuen meine Zuhörer sich, Fragen zu stellen. Haben das nicht wir, die Erwachsenen, zu verantworten, die wir nicht genügend von ihnen wissen wollen und nicht von dem ausgehen, was sie interessiert? Mir kommt es darauf an, dass sie das artikulieren, was sie wirklich bewegt; nur wenn dies mein Ausgangspunkt ist, kann ich sie packen. Ihre Fragen sagen sehr viel über ihr Leben heute.

Ich erlebe sie als aufnahmefähig, aktiv. Im Fragebogen können sie ihre Vorurteile, Ängste, Wissenslücken, Abneigungen äußern. Manche bekennen sie sich auch zu einem: „Weiß nicht." Ich beglückwünsche sie zu ihrem Mut – wer sich traut, „Ich weiß nicht" zu sagen, ist auf dem Wege der Erkenntnis. Wissen ist wichtig, aber es muss über den Verstand hinausgehen, mit Sinn erfüllt werden. Wissen hat eine ethische Dimension. Es lässt sich am besten mit einfachen Worten vermitteln.

Meinen Vortrag beschließe ich so:

„Mit meinem Zeugnis wollte ich vor allem erreichen, dass ihr eurem Gefühl und eurem Urteil vertrauen lernt und fähig werdet, euch in freier Entscheidung zu engagieren.

Bleibt euch treu, weicht nicht bloß wegen irgendeinem Erwartungsdruck oder aus Angst vor Liebesentzug von eurem Weg ab.

Ich bitte euch, hört nicht auf Einflüsterungen, macht euch euer eigenes Bild. Schluckt nicht alles, was man euch als Wahrheit auftischt. Werdet ihr Zeuge eines skandalösen Vorfalls oder Zustands oder einer Ungerechtigkeit, mischt euch ein. Prüft, urteilt, trefft eure Entscheidung und bleibt konsequent. Macht es euch nicht bequem, schaut nicht weg, handelt solidarisch, nur so wird Menschlichkeit eine Zukunft haben.

Wer verzeiht, gewinnt eine neue Sicht auf sich und die anderen.

Es ist jetzt an euch, mit Phantasie und Gemeinsinn echte, möglichst angstfreie Bindungen zu erschaffen, damit neue Hoffnung auf die Humanität des Menschen wachsen kann und damit ihr wachsame Zeugen sein werdet hier und heute.

Ihr seid die Baumeister eures Lebens, und ihr seid verantwortlich dafür, was aus euch wird."

Am Schluss verteilen die Lehrkräfte einen zweiten Fragebogen und helfen nun ihrerseits den jungen Menschen, ihre Familiengeschichte, ihre persönliche Geschichte und ihre Sicht auf die Geschichte überhaupt zu artikulieren. Ohne ihre persönliche Geschichte hat Geschichte für sie keinen Sinn.

Was für Schätze diese jungen Menschen in sich tragen! Sie warten nur darauf, gehoben zu werden – lauter persönliche Geschenke an die Welt von morgen.

Die Farbe, das Licht in ihren Augen: unendlich schön. Wir brauchen eine neue Sicht auf uns und auf sie.

Wir tragen in uns die Frische und die Schönheit des Frühlings.

Einander begegnen

Wir kämen nicht weit ohne Mitmenschlichkeit.

Unbewusstes ins Bewusstsein zu heben, benötigt Zeit. Erst auf den verschlungenen Wegen meiner Entwicklung erhielt ich Zugang zu meinem Unbewussten.

Der Raum der Stille, die meine Worte umgibt, ist in Erwartung des Atems, des Odems, des Hauchs.

Möge die Art, wie ich meine Erfahrung verarbeitet habe, auch in anderen, in jedem von uns diese Kraft des Lebens wecken. In Wort und Schrift versuche ich, was ich erlebt habe, so zu vermitteln, dass jeder sich erkennen kann in dem Besten, das in ihm ist. Sind wir nicht dafür verantwortlich, dass wir versuchen, da, wo uns das Leben hingestellt hat, ein Morgen zu bauen, in dem es sich gut leben lässt?

Tief in unserem Innern leuchtet ein Licht. Es erlischt, wenn wir werden wollen wie jedermann. Frei sein heißt, verantwortlich sein.

Um nicht die negativen Seiten des Lebens, die Gewalt der anderen in mich eindringen zu lassen, habe ich mir angewöhnt, nicht alles zu hören, was mir zu Ohren kommt. Den Blick zu senken, um ein von Gewalt entstelltes Gesicht nicht zu sehen. Still zu bleiben. Blinde Wut ist auch taube Wut. Sie kaschiert manchmal großes Leiden. Still zu sein erlaubt mir, bei mir zu bleiben, einen Ort des Rückzugs vor einem solchen Ausbruch zu haben.

Wir alle sind Verwundete des Lebens. Wir tun uns, tun anderen weh, weil das Leben uns verletzt hat.

Auch wenn schwarze Wolken die Sonne verbergen, wissen wir, dass sie da ist und darauf wartet, in unseren Herzen aufzugehen.

Das Antlitz Gottes

Mit vierzehn erfuhr ich etwas über den Gott Abrahams und wohin ich gehörte. Weil wir Juden waren, verbot uns die ungarische Regierung die Schule. Das warf bittere Fragen auf. Für eine Antwort fehlte die Zeit. Ich brauchte meine Kraft ganz für das Überleben. Die Fragen vergrub ich in tiefe Erde, die ich seither durchpflüge.

Die Antwort wurde von den Nazis geliefert: „Die Juden sind nicht mal Dreck." Ich habe das Schicksal dieses „Drecks" zwölf Monate lang geteilt. Ich begegnete gläubigen und nicht gläubigen Juden. Ich hörte von Gott reden. Doch wie unterschied sich der Gott der Nazis, zu dem sie sich bekannten, während sie uns ermordeten, von dem Gott der Juden, zu dem diese flehten? Während die Ungerechtigkeit in mir brannte, wurden sie umgebracht, auf den Lippen Gebete zu einem Gott, der mir taub zu sein schien.

Ich habe damals nichts begriffen. Doch die Inbrunst und das Gottvertrauen dieser Menschen weckten in mir eine Ahnung von Antworten, zu denen ich noch gar keine Fragen gestellt hatte.

Mit neunzehn begegnete ich einer Frau mit einem ausdrucksstarken Gesicht. Viele Male habe ich es prüfend betrachtet, ehe ich mich ihr näherte.

Dieses Gesicht war Präsenz, Entgegenkommen, Verständnis, Zartgefühl. Die Gegenwart dieser Frau milderte den Schmerz meiner Verletzungen, die ich unter einem dicken Mantel des Schweigens verbarg.

Das Kreuz an ihrem Hals beschäftigte mich sehr. Das war der Ausgangspunkt eines Dialogs, der dazu führte, dass ich das Evangelium las und Jesus entdeckte. Im Gesicht jener Frau bin ich dem Antlitz des GOTTES begegnet, der mich bei meinem Namen rief.

Es war ein langer Weg, mit Höhen und Tiefen. Ich fühlte mich in der Kirche nicht wohl. Die lateinische Liturgie war für mich ein ernsthaftes Hindernis. Auch verletzte mich in der Karfreitagsliturgie die Fürbitte für die „treulosen Juden". Ich vermisste darin die im Evangelium verkündete Nächstenliebe.

Alles dies widersprach meinem Verständnis des Evangeliums, das ich erhalten hatte. Ich schlug es an einer zufälligen Stelle auf und war berührt und begeistert von Matthäus 25,35: „Ich war hungrig, und ihr habt mir zu essen gegeben; ich war durstig, und ihr habt mir zu trinken gegeben; ich war nackt, und ihr habt mir Kleidung gegeben." Ich sagte mir: „Das ist jemand, den ich kennenlernen möchte." Seither ist ER an meiner Seite.

Dank dem Wahrheitszeugnis aller, die mit mir meinen Weg gegangen sind, aller, die mir den Zugang zur Bibel eröffnet haben, dank dem Glauben und dem Zweifeln der jungen Menschen, denen ich begegnet bin, richtet der Jesus des Evangeliums Frage über Frage an mich und lässt mich täglich Neues entdecken.

Mein innerer Himmel ist in Bewegung – ununterbrochen in Bewegung hin zu dem NAMEN.

Die Quelle

Bevor ich Zeit zum Erwachsenwerden gehabt hätte, war ich bereits erwachsen. Auf meinem Leben lasteten die Blicke von Tausenden von Menschen, die so gerne noch gelebt hätten. Heute lebe ich, lege ich Zeugnis ab, damit die Erinnerung an sie durch mich weiterbesteht.

Indem ich meine Vergangenheit verarbeitete und meine Herkunft aufdeckte, begriff ich, dass man nur zu sich selbst geboren werden kann, wenn man sich selbst verzeiht. Wir gehen nicht zart mit uns um. Wie oft ertappe ich mich dabei, dass ich mich selbst, dass ich andere schlecht behandle! Wie könnte ich dann mich selbst, könnte ich andere so annehmen, wie sie sind?

Meine Identität als getaufte Jüdin ist kein Hindernis, sondern eine kräftige, saftige Wurzel. Auf diesem Weg zum inneren Frieden kann ich mich einer schweren Last entledigen und ganz behutsam meine persönliche Geschichte, meine Identität rekonstruieren.

Unser Unbehagen in der Gegenwart stammt aus der Vergangenheit. Und wenn wir die QUELLE finden, verleiht sie unserem Leben Sinn.

Einen Satz ohne Worte bilden zu wollen, ergibt keinen Sinn. Ohne das WORT hat mein Leben keinen Sinn.

Die Stille gibt Raum für die innere Welt. Das sind Augenblicke der Gnade, die alles schön werden lassen. Die Stille hört, wie das Leben singt.

Die Gnade der Berührbarkeit

Die Nacht ist die Zeit meiner Zeitlosigkeit. In diesen begnadeten Augenblicken fühle ich sie so sanft, so still. Dann steigen Worte aus fernen Tiefen in mir auf. Sie werden unmittelbarer, wahrer, einfacher.

In der Schwachheit wollte ich stark erscheinen.
Doch in meinen Schwächen erkenne ich mich.

Mein Leben als Deportierte erscheint mir so weit weg, dass ich manchmal denke, es sei nicht geschehen.

Während meines Aufenthalts im Krankenhaus habe ich begriffen, dass die Leiden, Ängste, Befürchtungen, Freuden, die ich empfand, wirklich die meinen waren, und ich habe sie endlich als solche akzeptiert, demütig. Zum ersten Mal hatte ich an jenem Tag Mitgefühl mit mir selbst. Die Begegnung mit diesem verletzten Ich hat mich aus der inneren Sklaverei befreit, und der Weg zu mir selbst lag offen vor mir.

Behutsam richte ich mich auf. Meine Schritte sind fester, denn ich gehe zu DIR.

Wenn DU es bist, der mich inspiriert, warten die Worte still, bis sie in einen Augenblick der Gnade eingetragen werden.

Die Freude

Die Tür zur Erkenntnis hat sich mir einen Spalt geöffnet, als ich endlich bereit war, mir zuzuhören, mich zu verstehen, die Lehre DESSEN aufzunehmen, der mir immer die Hand reicht. Jeder von uns ist einmalig, unvergleichlich; woher kommt es, dass wir ständig das Unvergleichbare vergleichen? Wir haben viele falsche Bilder über uns selbst; woher kommt es, dass wir uns solche Mühe geben, falsche Bilder zu werden, die wir niemals sein werden?

Wir werden zu uns selbst geboren mit der Weisheit der Zeit. Unser einmaliger, unantastbarer Wesenskern ist frei und unablässig in uns am Werk. Er gibt die Richtung unserer moralischen und spirituellen Entwicklung vor. Aus diesem zarten, verletzlichen, allerlei Störungen von außen ausgesetzten Ursprung können wir, wenn wir wollen, wachsen.

Der Weg zur Wahrheit ist beschwerlich. Wahrheit muss nicht erklärt, nicht gerechtfertigt werden; sie ist oder ist nicht. Auf dem einzigen Weg zu uns selbst werden wir erwartet von DIR.

DU bist in meinem Blick, in meinen Gesten, in jedem Vibrieren meines Seins.

DEIN Licht erstrahlt aus meinem Leiden. DEINE Freude in mir ist FREUDE nur, wenn sie zur Freude auch meines Nächsten wird.

DU

Ich komme von DIR. Ich werde täglich geboren zu DIR.

Mein Vater war Jude, meine Mutter Jüdin. Das Leben hat das Band durchtrennt; es hat mich ins Bad aus Asche, ins Meer der Tränen, der Schreie, des Blutes getaucht.

Niemand ist gekommen, mich zu waschen, mich aufzurichten, mich zu wärmen in seinem Blick. Niemand beugte sich über mich, über uns, als wir ins Flammenmeer der Hölle stürzten, das DEINE rasenden Kreaturen entzündet hatten, diese Engel mit schwarzen Flügeln.

Wir wurden in die Erde, in das Wasser, in das Vergessen gekippt, auf dass niemand sich unserer erinnere.

Die Erde verschluckte uns, das Wasser spülte uns fort.

Schweigend sahst DU, wie DEIN Volk zu Staub wurde.

Mein Herz wurde hart wie ein Grabstein.

Ich habe mich gegen DICH aufgelehnt, ohne DICH zu kennen, hielt DICH für blind, für taub, DEINE Schöpfung für misslungen.

Noch heute höre ich den brausenden Sturm, wie sie DICH lobten, DICH anflehten, DICH bei DEINEM Namen riefen vor ihrer Vernichtung.

Mit meinen vierundachtzig Jahren lädst DU mich ein, diese Millionen von Unschuldigen, die heute an DEINEM GLANZ und DEINER EHRE teilhaben, bei mir aufzunehmen.

Ich erflehe von DIR DEINEN Blick, DU Gott des Tages und der Nacht.

Ich lege sie hier nieder, diese Tausende verbrannter Sonnen.

Mögest DU sie annehmen, diese feurige, endlich erlöste Glut.

Die Bannerträger der Hoffnung

Die Nazis wollten den Funken GOTTES in sich auslöschen, sich GOTTES bemächtigen, an SEINE Stelle treten, als sie die Juden ausrotteten. Die Menschen in der Welt, so dachten sie, würden sich das nicht vorstellen können, würden es vergessen, gar nicht erst glauben.

Ich bin sicher, dass DU, mein GOTT, den Holocaust nicht wolltest und dass das Leiden jedes Einzelnen von uns DEIN Leiden ist.

Ich glaube, dass die falschen Götter, die wir uns selbst machen, für die Kriege verantwortlich sind, die allesamt Bruderkriege sind.

Und ich weiß auch, dass jeder von uns Zeuge seines Lebens, des Bundes, der Liebe und der Versöhnung ist.

Man müsste Bindestriche für die Gemeinsamkeit erfinden, unabhängig von der Religion und der politischen Überzeugung der Bannerträger der Hoffnung.

Die Bollwerke, die wir zwischen uns errichten, schützen uns nicht; sie trennen.

Liebe ist gratis, leicht wie ein Atemzug. Sie verwandelt das Alltägliche in ein Königreich, in dem es sich gut leben lässt.

Mein Brunnen

Ich grabe meinen Brunnen, ohne zu wissen, was ich unten finden werde. Ich stoße auf unvorhergesehene Hindernisse, dichtes Wurzelwerk, verlorene Erinnerungen, aber ich grabe vertrauensvoll weiter. Da sprudelt es mir entgegen, rein und frisch mit jedem Schaufelschwung, und ich atme in vollen Zügen.

Ich danke DIR für diese Erde, für die Bäume, für die kleinen Solisten, die in einem großen blauen Himmel das Lied des Lebens trällern.

Danke für alle Lichtwesen, die DU mir auf meinen Weg gegeben hast, um mir zu helfen, der Mensch zu werden, der ich heute bin.

Mit der Zeit

Ich lasse mir Zeit
Ich nehme mir Zeit
Ich habe Zeit
Ich sehe, wie die Zeit vergeht
Ich verliere Zeit
Ich vergeude Zeit
Ich habe keine Zeit
Wo befinde ich mich in diesem unaufhörlichen Wirbel?

Eine Vorstellung von seinem Leben haben: Heißt das, dass man es leben wird? Wird das Leben so sein, wie ich es mir gedacht habe? Ich habe Lebenserfahrung. Ich sehe das Leben ungeschminkt. Ich habe verstanden, dass das Leben nicht im Konjunktiv, sondern im Präsens und im Singular stattfindet. Das Leben erfinden heißt nicht, es gestalten zu wollen; es bedeutet, sich von ihm gestalten zu lassen.

Das Leben hat mich gelehrt, jeden Augenblick so zu leben,
als ob es der letzte wäre.
Willkommen!, sagt der Augenblick, und ich sage: Bitte,
gern.
Jede Gegenwart gibt mir Gelegenheit, etwas Einzigartiges
zu erleben.
Seine Schönheit lässt mich ruhig werden; dann höre ich,
was DU nicht sagst.
Freude am Leben ist der Himmel auf Erden.

Meine Ängste

Meine nicht erkannten, unbewussten Ängste sind Nahrung für das Brennen der Gewalt in mir. Angst ist eine gefährliche Zuflucht. Wenn ich mich von Ängsten treiben lasse, laufe ich in die Irre. Aber könnte ich mich verirren, da doch alle Wege ins Innere führen, wo die KRAFT wohnt, die alles belebt?

Seien wir furchtlos, zeigen wir uns der Welt so, wie wir sind: auf unsere Art schön.

Wir streben nach Freiheit mit der Angst im Gepäck.

Haben wir nicht ebenso viel Angst vor dem Leben wie vor dem Sterben? Aus Angst wage ich nicht, etwas zu wagen!

Wenn Angst mich beherrscht, werde ich DIE ANGST, verliere ich meine Ausdrucksfähigkeit, Spontaneität, Lebens- und Zukunftsfreude. In der Angst existiere ich nicht mehr. Sie übernimmt die Macht über Leben und Tod und lähmt mein Bewusstsein; ich überlasse die Macht den Diktatoren der Welt. Wenn ich nicht den Sinn des Lebens nur für mich selbst suche, habe ich Angst.

Unser Gefühl des Ungenügens, des Überfordertseins macht uns Angst und lähmt uns. Die Angst bringt uns dazu, die Messlatte unserer Idealvorstellungen immer höher zu legen, bis wir sie unmöglich erreichen können.

Das Gefühl, wertlos oder minderwertig zu sein, verlangt nach Kompensation – wie der Frosch, der so groß werden will wie der Ochse und sich aufbläst, bis er platzt.

Wenn ich es schaffe, meine Angst zu erkennen und zu benennen, wird in mir eine neue Kraft frei, die es mir ermöglicht, mich ihr gegenüber zu behaupten. Ich habe das lange vermieden, aus Angst vor der Wahrheit. In den Lagern hatte ich mich mit der permanenten Gegenwart des Todes abgefunden; das machte mich irgendwie schlafwandlerisch, sodass ich inmitten der Schatten überleben konnte, als ob ich unsterblich wäre, und jede Minute lebte, als wäre es die letzte gewesen.

Ich sage DIR Dank für die Ernte, die ich auf den Wegen meiner Entwicklung einfahren durfte.

DU hilfst mir, den Teig meines täglichen Brotes zu kneten.

Mein Herz lobt DICH für jeden Krümel.

Meine Familie

Meine Familie – mein Mann, unsere vier Kinder und unsere bisher zehn Enkelkinder – ist für mich der innerste Kreis der Gesellschaft. Die Familie kann ein Ort sein, an dem man sich angenommen und zu Hause fühlt und für das Leben lernt, eine unerschöpfliche Quelle der Gestaltung und des Wohlseins.

Im Umkreis der Familie lernt man die Liebe zum Leben oder aber die Gewalt. Die Familie ist ein Orientierungspunkt, ein Ort, an dem unsere Kinder Verantwortung lernen und aufs Leben vorbereitet werden. Harmonie in der Familie, davon bin ich überzeugt, bringt Frieden in die Welt.

Ein Spruch aus dem Midrasch erklärt, warum der EWIGE die Schöpfung unvollendet gelassen hat: „Damit jeder Mensch sie vollenden kann.“

Das Unmögliche wird möglich, wenn es durch die Liebe geschieht.

Liebe

Mir fehlen die Worte, um zu beschreiben, was Liebe ist – und was die LIEBE ist.

Ich bleibe eine leidenschaftlich Lernende bis ans Ende meiner Tage.

Nacht: Tag, noch im Schatten, auf den Lippen der Zeit.
Licht: Enthüllung des Tages, Anbruch der Schöpfung.

Noch immer erkunde ich die Nacht, drücke ich sie zusammen, um sie an den Anfang zu führen, an dem das Wort war.
Langer Weg der Erlösung.
Übergang vom Tod zum Leben.

Sterben heißt nicht verschwinden. Es heißt, wiedergeboren zu werden zu sich.

Ich möchte in der Freude sterben.

Das irdische Leben hat mir Prüfungen auferlegt. Es hat mir auch viel gegeben. Ich wurde mit menschlicher Wärme, Lächeln, Blicken, Freundlichkeit reich beschenkt. Ich habe so viel Dank zu sagen, dass der ganze Himmel nicht Platz dafür hätte.
Ich möchte als Liebende scheiden.

Zur Lebensgeschichte[3]

Magda Hollander-Lafons Lebensgeschichte ist ein kleines Stück persönlicher Geschichte in der großen Geschichte der „Endlösung": des Holocaust generell und des Holocaust in Ungarn, der, wie die Geschichte der ungarischen Juden überhaupt, speziell und paradox ist. Während die nationalsozialistischen Machthaber nämlich die Juden im gesamten von ihnen beherrschten Europa systematisch zur Ermordung abtransportierten, blieben die Juden in Ungarn bis März 1944 relativ verschont. Gleichwohl gab es in der ungarischen Bevölkerung starke antisemitische Ressentiments parallel zu eindeutig antijüdischen Stellungnahmen aus der Politik. Durch die Gebietsabtretungen, die Ungarn im Vertrag von Trianon auferlegt worden waren, verlor die jüdische Gemeinschaft ihren Status als eine von mehreren Minderheiten; sie wurde die sichtbare Minderheit. Die ungarischen Rassengesetze wurden zwischen 1938 und 1941 nach dem Vorbild der Nürnberger Gesetze erlassen, waren aber noch strenger und galten auch für 100 000 zum

3 Dieser historische Abriss entstand aus vielstündigen Gesprächen mit Magda Hollander-Lafon in Verbindung mit der Auswertung von Unterlagen im Centre de documentation juive contemporaine des Pariser Mémorial de la Shoah. Vorangegangen war ein Arbeitsprojekt mit Schülern, das mit deren Besuch in Auschwitz in Begleitung von Magda Hollander-Lafon und mit der Produktion eines von der Stadtverwaltung Rennes mitfinanzierten Films abgeschlossen wurde. Die Verfasser, Nathalie Caillibot und Régis Cadiet, lehren Philologie und Geografiegeschichte in Rennes.

Christentum konvertierte Juden. Dadurch erhöhte sich die Zahl der offiziell der jüdischen Gemeinschaft zugerechneten Personen auf 825 000.

Magda wurde am 15. Juni 1927 in Záhony geboren, einem kleinen ungarischen Dorf an der slowakischen Grenze. Ihre Eltern, Adolf Hollander und Esther Klein, waren säkularisierte Juden. Sie betrachteten sich als assimiliert, als ungarisch. Esther Kleins Eltern hingegen waren eher noch orthodoxe Juden gewesen. Die Mehrzahl der Juden in dieser Region waren Handeltreibende, Arbeiter und Handwerker. Magdas Großvater Samuel Klein leitete eine kleine Schuhfabrik in Zsurk, vier Kilometer von Záhony. Die Kleins feierten noch den Sabbat. So lernte Magda einige jüdische Traditionen kennen.

Magdas Schwester Irene wurde 1932 geboren. Zwei Jahre danach zogen die Hollanders nach Nyíregyháza in der Nähe von Debrezin, um ihren beiden Töchtern eine höhere Schulbildung zu ermöglichen.

Am 19. März 1944 änderte sich alles, als deutsche Truppen Ungarn besetzten. Die deutschen Kampfverbände befanden sich damals an den Fronten mehrheitlich bereits in der Defensive, aber die Generäle glaubten noch immer an den „Endsieg". Hitler wusste, dass im Westen eine Invasion bevorstand, meinte jedoch, sie werde zurückgeworfen werden können. So wurden die militärischen Kräfte auf den Osten gegen den sowjetischen Vormarsch konzentriert. Ungarn wurde nicht nur besetzt, um die „Endlösung" abzuschließen. Zusätzliche Ziele waren, das Land an der Seite der Achsenmächte zu halten, seinen militärischen Beistand zu sichern, sein industrielles und landwirtschaftliches Potenzial systematisch für Deutschland zu nutzen und für den bereits gravierenden Mangel an Arbeitskräften im Reich Ersatz aus den Reihen der deportierten jüdischen Bevölkerung zu schaffen.

Am 22. März 1944 ernannte der ungarische Reichsverweser Horthy Döme Sztójay zum Ministerpräsidenten; er hielt ihn für geeignet, über das Schicksal des Landes und der Juden zu verhandeln, weil er nicht besonders als Antisemit in Erscheinung getreten war. Horthy erklärte der neuen Regierung, dass er allein für die „Judenfrage" zuständig sei. Sztójay gab sich neutral, kannte jedoch genau die Absichten der Nazis und war entschlossen, mit ihnen zusammenzuarbeiten. Er besetzte zwei Schlüsselpositionen des Innenministeriums mit überzeugten Antisemiten und beauftragte sie mit der Regelung der „jüdischen Angelegenheiten". László Endre war für Fragen der Verwaltung und der Gesetzgebung, László Baky für die politische Seite verantwortlich. Sie erarbeiteten den Gesamtplan der Deportation in enger Abstimmung mit Eichmanns Mannschaft, der einige der fanatischsten SS-Leute angehörten: Dieter Wisliceny hatte die Deportation der slowakischen und der griechischen Juden geleitet, Theodor Dannecker die der französischen, bulgarischen und italienischen Juden. Diese „Experten" bereiteten nun detailliert die einzelnen Stufen der Aktion vor: Einrichtung der zentralen und örtlichen Judenräte, Isolierung, Enteignung, Gettoisierung, Zwangsarbeit und Abtransport zur Vernichtung.

In keinem anderen Land wurde die „Endlösung" so zügig und mit so präziser Unmenschlichkeit durchgeführt.

Nicht zu vergessen: Die staatlichen Organe – zentrale und örtliche Polizeistellen – halfen eifrig mit. Ohne sie wäre die Massendeportation von 437 403 ungarischen Juden nach Auschwitz-Birkenau im Zeitraum vom 15. Mai bis zum 9. Juli 1944 nicht möglich gewesen.

Nachdem die Entscheidung gefallen war, machten sich die örtlichen Polizeikräfte an die Razzien und Massenverhaftungen. Sie begannen in der Region, in der die Hollanders wohnten. Diese lag an der polnischen Grenze, und die Rote Armee war nicht mehr weit. Ab 16. April wurden die Juden aus sechzig Dörfern in der Umgebung von Nyíregyháza verhaftet und in jener Stadt in Häuser eingewiesen, von denen bekannt war, dass sie Mitgliedern der jüdischen Gemeinde gehörten. Diese Häuser bildeten nun das Getto. Am 27. April kamen die jüdischen Einwohner von Nyíregyháza selbst an die Reihe. Esther, Magda und Irene wurden von Nachbarn denunziert – eine damals gängige Praxis. Die Gestapo und die ungarische Polizei registrierten mehr als 35 000 Denunziationen. Der Vater, Adolf, erlebte die Verhaftung nicht mit. (Er starb, wie Magda später erfuhr, vor seiner Deportation in der „Krankenstation" des Gettos.) Vor ihrem Abtransport beobachtete Magda, wie Bewohner des Viertels ihr Haus plünderten.

Zwischen 15 000 und 17 000 Juden vegetierten nun, von Gendarmen bewacht, zusammengepfercht zehn Tage lang gut sichtbar mitten in der Stadt. In einem einzigen Raum hausten bis zu 12 oder 14 Personen. Dann mussten sie weiterziehen – zu Fuß, mit ihrem ganzen Gepäck, unter Demütigungen aller Art. Magda, ihre Mutter und ihre Schwester wurden an einen Ort namens Harangod-Birke verbracht, wo der Transport drei Heuschuppen zugewiesen erhielt. Die Familien schliefen auf dem Boden. Auch hier wurden sie von den Gendarmen gefilzt und beraubt.

Nach einigen Tagen wurden die Juden 15 Kilometer weiter zum Bahnhof von Nagykálló getrieben. Von Hunger und Misshandlungen geschwächt, wurden sie in Viehwaggons gepfercht, die Platz für jeweils 45–50 Personen boten, nun aber mit 90, 100 oder noch mehr Menschen vollgestopft wurden. Während die Gendarmen sie in die Waggons stießen, schrien sie unablässig: „Los, stellt euch nicht so an, ihr kommt zum Arbeitseinsatz.“ Und das wurde geglaubt. Der Transport dauerte drei Tage – in Dunkelheit, mit einem einzigen Eimer für alle Insassen des Wagens zur Verrichtung der Notdurft, einem einzigen Wasserkanister und, für einige, noch etwas Nahrung. Der Prozess der Vernichtung hatte begonnen.

Bereits im Frühjahr 1944 hatte der Kommandant des Lagers Birkenau in Erwartung der Anlieferung von täglich 12 000 bis 14 000 ungarischen Juden die Bahnschienen bis auf 200 Meter an die Krematorien heran verlängern lassen und die Stärke der Gaskammer-Sonderkommandos vervierfacht. Ende Mai 1944 hielt Magdas Transport im düsteren Anbruch eines eiskalten Morgens an der „Ungarn-Rampe“. Das „Empfangskomitee“ bestand aus eigens dafür abgestellten Gefangenen. Sie wussten über alles Bescheid. Einer dieser Häftlinge ging mehrmals an den Reihen entlang, und Magda hörte ihn mit unbewegten Lippen murmeln: „Du bist achtzehn, du bist achtzehn Jahre alt …“ Er riskierte damit sein Leben.

Zuerst wurden die Männer und Frauen getrennt in zwei Reihen aufgestellt; die Kinder blieben je nach ihrem Geschlecht bei Mutter oder Vater, um Widerstandsversuche und Unruhe anderer Art möglichst zu unterbinden. Dann begann die eigentliche Selektion. Die „Arbeitsfähigen", die im Lager verbleiben sollten, kamen nach rechts, die für den sofortigen Tod in den Gaskammern bestimmten Deportierten nach links. Der Selektionsarzt bei Magdas Transport war Josef Mengele[4]. Er fragte sie nach ihrem Alter, und sie antwortete: „Achtzehn Jahre." Mit seinem Stock wies er sie nach rechts. Esther und Irene kamen nach links.

Die „Arbeitsfähigen" wurden in die „Sauna" geführt.

Am Eingang befand sich eine Art runder Tisch, auf den die Frauen alles legen mussten, was sie noch besaßen – im Falle von Magda auch die Fotos ihrer Familie. Dann wurden sie in einen Raum getrieben, wo sie mit stumpfen Messern grob kahl geschoren und enthaart wurden. Im nächsten Raum war die Dusche, aus der eiskaltes und dann wieder extrem heißes Wasser tropfte; es gab weder Seife noch Handtuch, um den Schmutz, den Schweiß, den Gestank der Waggons loszuwerden. Daran schloss sich die Desinfektion mit einem weißen, beißenden, ätzenden Pulver aus einer Düse an.

Den noch nassen Gefangenen wurde ein beigefarbener Kittel in ungefähr ihrer Größe hingeworfen. Damit war die erste Etappe ihrer Entmenschlichung abgeschlossen. Eine weitere Etappe hätte die Tätowierung sein sollen.

4 Nur die SS-Lagerärzte waren zur Selektion (in ihrem Jargon „Rampendienst") ermächtigt. Josef Mengele, SS-Arzt im Lager Auschwitz-Birkenau, tat dies sehr häufig, wobei er zwischen (arbeitsfähigen) „Häftlingen" und „Nichthäftlingen" unterschied. Er machte sich auch zahlreicher pseudomedizinischer Menschenversuche schuldig.

Doch Magda, wie auch anderen Ungarn, blieb sie erspart – vielleicht weil geplant war, sie sowieso gleich zu vergasen (oder weil sie zum Arbeitseinsatz in andere Lager verbracht werden sollten).

Anschließend wurden die Gefangenen in das „Quarantänelager" verbracht, ein Ort, an dem sie vollständig verloren und verlassen, jedoch überzeugt waren, in einem Arbeitslager zu sein. Wo waren ihre Angehörigen? Sie fragten die Blockälteste. Die deutete auf die Kamine des Krematoriums: „Da." Magda sah Rauch und Flammen und verstand nichts. „Sie sind schon da drin, deine Mutter und deine Schwester …"

Im Quarantänelager lernte Magda die Regeln der perversen KZ-Logik: Hunger, die Gewalt der Kapos, Diebstähle, nie endende Appelle in der gleißenden Sonne in Fünferreihen, das Wegkippen ausgezehrter, erschöpfter Körper. Nach zwei Wochen kam Magda in das „Ungarn-Lager" BIIc. In diesen Blocks waren fast tausend Gefangene zusammengepfercht. In den Bettgestellen mussten in der Nacht sechs bis zwölf Personen Platz finden. Tagsüber musste gearbeitet werden. Magda war in mehreren Arbeitskommandos. Sie zerkleinerte Steine, sammelte herumliegende Leichen ein und karrte Menschenasche weg – normalerweise Männerarbeit. Bei einer Selektion von vierzig Frauen wurde sie dem Krematorium IV zugeteilt; dort musste sie Asche zusammenschaufeln, auf eine Karre laden und, tief in das Wasser watend, in den nahe gelegenen Teich kippen. Mehrmals war sie kurz vor dem Ertrinken. Vom Teich aus sah sie den Graben V mit den brennenden Leichen. Es herrschten dichter Rauch und ein unerträglicher Gestank. Magda wurde Zeugin der schlimmsten Schrecken; ebenso wie die Sonderkommandos[5] war sie zur Ermordung bestimmt.

In diesem Lager war Magda der Gewalt der Blockältesten von Block 8, Edwige, ausgesetzt und stand Auge in Auge der berüchtigten Oberaufseherin Irma Grese, der „Hyäne von Auschwitz", gegenüber. Und ebenfalls dort erhielt sie von einer „Muselmanin" (so wurden in den Lagern die entkräfteten, ausgezehrten, dem Tode nahen Gefangenen genannt, die ihren Lebenswillen verloren hatten) vier Stückchen verschimmeltes Brot zusammen mit einem Auftrag, der sie sehr viel später zu ihrer Zeitzeugenschaft bewog.

Regelmäßig zirkulierten Gerüchte über eine Liquidation des Lagers BIIc. Sie verstärkten sich, nachdem in der Nacht vom 2. zum 3. August 1944 das Zigeunerlager liquidiert worden war. Am 20. August schloss Magda mit ihrem „fünften Sinn" beim Morgenappell aus der elenden Verfassung der Rücken und Füße der vor ihr Stehenden, dass sie zur Vergasung bestimmt seien, und schlüpfte unbemerkt in die Reihe nebenan. So geriet sie in eine Gruppe von Zwangsarbeiterinnen für die KZ-Außenstelle Walldorf bei Frankfurt. Dieses Lager gehörte zu einem weiten Netz von Konzentrationslagern, das sich seit Kriegsbeginn über ganz Deutschland ausgebreitet hatte und für einen beachtlichen Teil der Rüstungsproduktion verantwortlich war. Auschwitz-Birkenau war zu einem gigantischen Reservoir von Arbeitskräften für die unersättliche deutsche Rüstungsindustrie geworden.

5 Die Sonderkommandos mussten die Verbrennungsöfen in Betrieb halten. Die Gefangenen dieser Kommandos wurden regelmäßig ermordet.

Der Transport dauerte drei Tage. Am 22. August trafen 1700 von Birkenau „abkommandierte" ungarische Jüdinnen südlich von Frankfurt am Main in einem Arbeits-Außenlager des KZ Natzweiler ein.

Unter der Leitung der Organisation Todt, einer dem Reichsministerium für Bewaffnung und Munition unterstellten Bautruppe, arbeitete dort die Firma Züblin an einem gigantischen Projekt: der Betonierung einer Rollbahn für die Messerschmidt 262, den ersten Düsenjäger der deutschen Luftwaffe – das Paradestück des „Führers". Begleitende Infrastrukturbauten waren ein Bahngleis für den Materialtransport bis zum Flugplatz, gut im Wald versteckte und gegen Bomber der Alliierten getarnte Abstellplätze für die Flugzeuge und zwei Nebenpisten am Waldrand mit einer Verbindungsstraße. Bei ihrer Ankunft wurden die Frauen registriert. Magda war der Neuzugang Nr. 785 mit der Nummer 27787.

In Walldorf nagelte Magda Eisenbahnschwellen fest. Dort begegnete sie auch dem „guten Aufseher" aus der Ukraine (siehe das gleichnamige Kapitel). Ab Oktober 1944 wurde der Flugplatz regelmäßig bombardiert. Das Vorrücken der Alliierten an der Westfront führte zur Auflösung des Lagers Walldorf am 23. November. Lediglich sechs Todesfälle wurden offiziell registriert. Dagegen spricht, dass nur etwa 1650 Gefangene zum KZ Ravensbrück in Marsch gesetzt worden zu sein scheinen. Somit fehlt von 50 Frauen jede Spur.

Die Frauen aus Walldorf trafen am 27. November im KZ Ravensbrück ein. Magda muss registriert worden sein, doch ihre Nummer ist nicht bekannt, da die SS im April 1945 mehr als die Hälfte ihrer Akten vernichtete. Aus den Viehwaggons wurden die Ungarinnen direkt in die Ravensbrücker „Hölle“ verbracht: in ein Militärzelt, das der KZ-Kommandant im August 1944 zwischen zwei Holzbaracken hatte aufstellen lassen, um den Zustrom der Neuankömmlinge in ein bereits überfülltes Lager aufnehmen zu können. Polinnen aus dem Warschauer Getto, Ungarinnen aus Auschwitz und einige Französinnen – über 3 000 Frauen vegetierten in diesem Zelt, manche mit Kindern, auf dem nackten Boden, ohne irgendeinen Schutz gegen die grimmige Kälte, ohne die geringste sanitäre Annehmlichkeit. Sie wurden von Epidemien dezimiert, einige wurden wahnsinnig. Magda verbrachte dort zehn Tage, dann kam sie in eine Holzbaracke, wo sie hauptsächlich damit beschäftigt war, Läuse zu knacken. Ein einziges Mal wurde sie zur Arbeit in einer Sandgrube abkommandiert.

Am 19. Dezember wechselte Magda bei einem Appell erneut die Reihe und gelangte so in das Arbeitslager Zillertal-Erdmannsdorf in Südschlesien. Dieses Lager war bereits im Herbst 1940 errichtet worden. Anfänglich ein „Zwangsarbeitslager für Juden“, hatten dort rund 150 polnische Jüdinnen in einer Weberei unter der Leitung der Dienststelle Schmelt für die Erdmannsdorfer Leinenfabrik gearbeitet. Aus Auschwitz waren dann im Juli 200 ungarische Jüdinnen und Anfang Dezember 1944 nochmals 150 eingeliefert worden. Da der Transport von Magda aus 50 Gefangenen bestand, lag die Gesamtzahl der Lagerinsassinnen bei etwa 550. Nachdem die Frauen dort kurz vor Weihnachten angekommen waren, wurden sie wie üblich gezählt und nochmals gezählt. Das Leben war nicht so extrem hart wie in Birkenau. Die Baracken verfügten über einen Wasserhahn, und jede der Frauen hatte eine eigene Pritsche. Die 3 bis 4 Kilometer vom Lager zur Weberei mussten zweimal täglich zu Fuß im Schnee zurückgelegt werden. Der Lärm in der Weberei war ohrenbetäubend. Ununterbrochen mussten die Garnschiffchen gewechselt werden. Unter strenger Aufsicht und ständigen Beschimpfungen stellten die Zwangsarbeiterinnen Uniformstoff her.

Nachdem die Rote Armee die Reichsgrenze erreicht hatte, mussten die riesigen KZ-Komplexe schleunigst nach Westen verlegt werden, damit die Gefangenen weiterhin die Kriegsanstrengungen eines bereits zusammenbrechenden Reiches „unterstützen“ konnten. Am 17. Februar wurden die Zwangsarbeiterinnen von Zillertal-Erdmannsdorf in zwei Gruppen aufgeteilt. Ungefähr 200 kamen in das 70 Kilometer entfernte Außenlager Gablonz. Die anderen 300, darunter Magda, wurden nach Morchenstern auf der anderen Seite des Riesengebirges verbracht.

Mitten im Winter legten sie in unzureichender Bekleidung, ihre Decke auf dem Rücken, die 50 Kilometer durch die Berge zu Fuß zurück – 10 bis 12 Kilometer am Tag. Ihre einzige Nahrung war Schnee. Nach einer Woche erreichte der Transport das von der SS festgelegte Ziel: Morchenstern, ein Nebenlager von Groß-Rosen in den Sudeten. Die Frauen wurden zur Arbeit in die Iser-Werke geschickt, wo Einzelteile für das Jagdflugzeug Me 262 gefertigt wurden. Doch die Alliierten drangen immer weiter in Deutschland vor; immer öfter wurden kriegswichtige Ziele bombardiert. Aus diesem Grund wurden die Fertigungsanlagen und die Zwangsarbeiterinnen am 12. März in den Außenkommandobereich „Mittelbau“ verlegt.

Am Donnerstag, den 15. März 1945, erreichte der Zug Nordhausen, eine mittlere Industriestadt im Norden Thüringens. 294 ausgehungerte, halb verdurstete, völlig erschöpfte Frauen stolperten aus den Waggons. Sie wurden als „ungarische Jüdinnen" registriert; Magda erhielt die Kennnummer F-150. Dann marschierten sie nach Großwerther, einem Dorf, in dem für sie auf den Dachböden von zwei Gasthöfen ein Nebenlager improvisiert worden war. Dort behielt die SS ihre Gefangenen mehr als drei Wochen. 30 Gefangene, darunter Magda, wurden mehrere Male nach Nordhausen geschickt, eines der letzten verbliebenen großen deutschen Rüstungszentren. Dort hätten sie in einer der unterirdischen Produktionsstätten Bolzen für die Produktion der V2-Raketen (Aggregat 4) herstellen sollen. Doch sie sprachen sich ab, die Arbeit zu sabotieren.

Nach dem großen Luftangriff der RAF auf Nordhausen wurden die Frauen in den Gaststätten sich selbst überlassen. Am 4. April morgens ließ die SS sie für einen neuen Transport antreten. Sie marschierten 17 Kilometer zu Fuß bis zur Kleinstadt Bleicherode im Südharz, wo sie die Nacht auf dem bloßen Boden in einer Schule verbrachten. Am nächsten Tag marschierten sie 12 Kilometer bis Bischofferode.

Die Lage geriet immer mehr außer Kontrolle. Einzelne Frauen wurden mit einem Lastwagen abtransportiert. Andere, darunter Magda, marschierten zu Fuß weiter. Zusammen mit vier anderen Ungarinnen gelang es ihr, aus dem Transport auszuscheren und sich in einem Waldstück zu verstecken. Dort harrten sie sechs Tage aus. Am 12. April hielt in der Nähe zufällig ein amerikanischer Panzer. Eine der fünf Frauen kroch aus dem Gestrüpp, die vier anderen kamen nach und zeigten sich ebenfalls, zu Skeletten abgemagert, von Krätze zerfressen … Bevor die Soldaten weiterfuhren, lieferten sie die fünf Mädchen bei Bauern ab, wo sie auf Anordnung der Amerikaner fürs Erste bleiben, sich neu einkleiden und waschen konnten. Anschließend wurde die Gruppe in ein Übergangslager gebracht, vermutlich im Kommandobereich von Dora oder einem seiner Nebenlager.

Drei Wochen blieben Magda und ihre vier Kameradinnen in diesem Lager für „displaced persons". Keine von ihnen wollte nach Ungarn zurück – niemand erwartete sie dort. Eines Tages stiegen sie in einen Zug nach Frankreich, in ihrer Vorstellung das Land ihrer Freiheit. Als der Zug im belgischen Namur hielt, erlebten sie mit, wie Widerstandskämpfer begeistert empfangen wurden. Dazu der verlockende Duft frischen Brotes. Und schon waren sie ausgestiegen. Als Jüdinnen kamen sie in die Obhut eines amerikanischen Rabbiners, vermutlich vom *American Jewish Joint Distribution Committee and Refugee Aid*. Die tuberkulosekranke Magda wurde im Städtischen Krankenhaus untergebracht. Anschließend, von Mai bis September 1945, wohnte sie in einem Haus, das der Rabbiner als neue Unterkunft für die fünf Mädchen ausfindig gemacht hatte.

Magda ließ sich zur Kindererzieherin ausbilden und lernte Französisch. Fast zehn Jahre lang lebte und arbeitete sie in Belgien als meldepflichtige Ausländerin mit einer fremdenpolizeilichen Aufenthaltsbewilligung, um deren Verlängerung sie regelmäßig nachsuchen musste. Sie ist die einzige Überlebende ihrer Familie und eine der ganz wenigen Überlebenden ihrer Vaterstadt und überhaupt der jüdischen Gemeinde Ungarns. In 46 Tagen waren in 147 Transporten 437 403 Personen deportiert worden. Von ihnen wurden 350 000 sofort nach ihrer Ankunft in Auschwitz-Birkenau ermordet …

Nathalie Caillibot und Régis Cadiet

MIX
Papier aus verantwortungsvollen Quellen
FSC® C017859

Verlagsgruppe Random House FSC® N001967
Das für dieses Buch verwendete
FSC®-zertifizierte *Papier Munken Premium* Cream
liefert Arctic Paper Munkedals AB, Schweden.

Titel der französischen Erstausgabe:
Magd Hollander-Lafon; Quatre petits bouts de pain,
Des ténèbres à la joie

Übersetzung: Michael Kogon

1. Auflage 2013
Bestell-Nr. 814208
ISBN 978-3-942208-08-6

Umschlaggestaltung: Gute Botschafter GmbH,
Haltern am See
Satz: Greiner & Reichel, Köln
Druck und Verarbeitung: CPI Moravia